Zachowania żywieniowe młodzieży

w perspektywie edukacji zdrowotnej

70 LAT UMCS

UMCS

WYDAWNICTWO

Agnieszka Buczak

Zachowania żywieniowe młodzieży

w perspektywie edukacji zdrowotnej

Wydawnictwo Uniwersytetu Marii Curie-Skłodowskiej
Lublin 2014

Recenzent
prof. dr hab. Mieczysław Radochoński

Opracowanie redakcyjne
Anna Marszał

Redaktor techniczny
Roman Fiut

Projekt okładki i stron tytułowych
Oleksandra Radczenko

Skład
Studio Format / studioformat.pl

ISBN 978-83-7784-337-6

WYDAWNICTWO UNIWERSYTETU MARII CURIE-SKŁODOWSKIEJ
20-031 Lublin, ul. Idziego Radziszewskiego 11
tel. 81 537-53-04

www.wydawnictwo.umcs.lublin.pl
e-mail: sekretariat@wydawnictwo.umcs.lublin.pl

DZIAŁ HANDLOWY
tel./faks: 81 537 53 02
Księgarnia internetowa: www.wydawnictwo.umcs.eu
e-mail: wydawnictwo@umcs.eu

Drukarnia „Elpil", ul. Artyleryjska 11, 08-110 Siedlce

Spis treści

Wstęp

Rozwój nauk zmierza do coraz większej interdyscyplinarności. Nauki o wychowaniu otwierają się na problemy ekologii, informatyzacji, komercjalizacji, zdrowia. Zainteresowanie pedagogiki problemami rozwoju fizycznego ewaluowało w cieniu problematyki rozwoju intelektualnego czy społeczno-moralnego. Obecnie obserwuje się większe zainteresowanie edukacją zdrowotną, której przedmiotem są: wychowanie fizyczne, higiena, prawidłowe odżywianie, bezpieczeństwo dzieci i młodzieży, pierwsza pomoc itp. Nie tylko rodzice, wychowawcy i nauczyciele, ale również przedstawiciele naukowej pedagogiki zwracają uwagę, że zdrowie jest podstawą rozwoju człowieka w innych sferach. Z tego powodu powinno być bardziej docenione jako obszar refleksji pedagogicznej i badań związanych z wychowaniem.

Edukacja żywieniowa może być analizowana w kontekście nauk medycznych (dietetyka) lub ekonomicznych (marketing żywności, zachowania konsumenckie), ale jest również częścią edukacji zdrowotnej, której teoretyczne podstawy są związane z pedagogiką zdrowia. Wśród licznych pedagogicznych kontekstów edukacji żywieniowej warto wymienić np.: problem przymusu w żywieniu dziecka; traktowanie niektórych produktów żywnościowych jako nagrody; edukację w zakresie żywności genetycznie zmodyfikowanej oraz skutków spożywania żywności wysoko przetworzonej, wzbogaconej konserwantami i sztucznymi dodatkami; odchodzenie od tradycji związanych ze wspólnym spożywaniem posiłków przy rodzinnym stole; profilaktykę zaburzeń odżywiania.

Treści związane z edukacją żywieniową znalazły się w Narodowym Programie Zdrowia na lata 2007–2015. Stałe upowszechnianie zasad prawidłowego żywienia, w tym szczególnie w szkołach, to jedno z zadań trzeciego celu operacyjnego: „Poprawa sposobu żywienia i jakości zdrowotnej żywności oraz zmniejszenie występowania otyłości" [Narodowy Program Zdrowia 2007, s. 30]. Oprócz otyłości ważnym problemem pedagogicznym stanowiącym wyzwanie dla edukacji żywieniowej jest niedożywienie dzieci i młodzieży szkolnej, które według różnych źródeł dotyczy od kilkunastu do nawet ponad 50% polskich uczniów. Warto podkreślić, że nie zawsze niedożywienie jest skutkiem ubóstwa, ale bywa efektem złego żywienia i wadliwego kształtowania zachowań żywieniowych [Giza-Poleszczuk 2007, s. 5].

Znaczenie edukacji żywieniowej akcentowane jest w postulatach „Narodowego Programu Zapobiegania Nadwadze i Otyłości oraz Przewlekłym Chorobom Niezakaźnym poprzez poprawę Żywienia i Aktywności Fizycznej na lata 2007–2011 POL-HEALTH". Podstawą szkolnych działań edukacyjnych jest „Karta Żywienia i Aktywności Fizycznej Dzieci i Młodzieży w Szkole" [Jarosz 2008, s. 13–14]. Jednocześnie podkreśla się konieczność edukacji rodziców, zgodnie z zasadą „Zdrowe żywienie rodziny kluczem do zdrowego żywienia dzieci i młodzieży" (Jarosz 2008, s. 237). Konieczność edukacji żywieniowej w szkołach podkreśla opublikowane 6 października 2011 roku na stronach MEN „Stanowisko Ministra Edukacji Narodowej, Ministra Zdrowia oraz Ministra Sportu i Turystyki w sprawie działań podejmowanych przez szkoły w zakresie zdrowego żywienia uczniów". Ministrowie zwracają uwagę, że problem nadwagi lub otyłości występuje u 18% dzieci i młodzieży szkolnej. Ważnym argumentem dla intensyfikacji działań profilaktyczno-edukacyjnych są wyniki badań wskazujące, że u 80% dzieci z otyłością stan ten utrzymuje w dalszych etapach życia. Szkoła powinna zatem podjąć zadania związane z zaspokajaniem potrzeb żywieniowych dzieci i młodzieży oraz kształtowaniem właściwych zachowań w tym zakresie. Zadaniem szkolnej edukacji żywieniowej jest więc m.in. skoncentrowanie się na realizacji wymagań dotyczących prawidłowego odżywiania zawartych w podstawie programowej. Na różnych szczeblach edukacji powinny być także wdrażane dodatkowe programy edukacji żywieniowej, a nauczycieli i inni pracowników szkoły należy zachęcać do udziału w różnych formach doskonalenia zawodowego w zakresie zdrowego żywienia. Warunkiem efektywności szkolnej edukacji żywieniowej jest również „podejmowanie współpracy na poziomie lokalnym (z rodzicami, jednostką samorządu terytorialnego, społecznością lokalną)" [http://www.men.gov.pl].

Punktem wyjścia dla edukacji żywieniowej warto uczynić analizę zachowań związanych z odżywianiem, ocenianych z punktu widzenia zdrowia oraz warunkujących je czynników podmiotowych i socjokulturowych. Dzięki edukacji można wpływać zarówno na przekonania i wartości dotyczące zdrowego odżywiania, jak i kształtować czynniki związane z wpływem społecznym mediów, uleganiem modzie, naśladowaniem sposobu odżywiania się osób znaczących.

Problematyka zachowań żywieniowych młodzieży okazała się szczególnie interesującym zagadnieniem w ramach zajęć ze studentami z zakresu edukacji zdrowotnej. Analizę zachowań żywieniowych studentów, na podstawie kwestionariusza ankiety własnej konstrukcji oraz dostępnych narzędzi z zakresu psychologii zdrowia, wykorzystano do dyskusji na zajęciach, a także jako badania pilotażowe do późniejszej diagnozy zachowań żywieniowych młodzieży gimnazjalnej. Grupę studentów włączono do badań jako osoby reprezentujące wiek młodzieńczy, kolejny okres rozwojowy po wczesnej adolescencji, typowej dla gimnazjalistów.

Rozdział I
Zachowania żywieniowe i ich uwarunkowania

Zachowania żywieniowe to według Lucyny Narojek [1993] uzależnione od różnych czynników działania i sposoby postępowania mające na celu zaspokojenie potrzeb żywieniowych. Kluczowym elementem tej definicji są potrzeby. Mając na uwadze szeroką gamę zachowań określanych jako żywieniowe, można przypuszczać, że potrzeby żywieniowe, które są przez nie zaspokajane, będą znajdować się na różnych poziomach piramidy potrzeb Maslowa.

Zachowania żywieniowe są nie tylko odpowiedzią na fizjologiczną potrzebę głodu. Gromadzenie żywności prowadzi do zaspokojenia potrzeby bezpieczeństwa związanej z dostępnością żywności. Zachowania żywieniowe mogą też służyć zaspokojeniu potrzeb miłości i przynależności. Żywność może być symbolem wdzięczności, a wspólne spożywanie posiłków zacieśnia więzi między bliskimi osobami. Dla niektórych osób przygotowanie potrawy, zorganizowanie przyjęcia może być źródłem samorealizacji. Zachowania społeczne związane z jedzeniem mogą stanowić przedmiot zainteresowań pedagogów, w szczególności jeśli dotyczą relacji rodzinnych bądź grupy rówieśniczej.

Zachowania związane z odżywianiem się mogą być analizowane na wielu płaszczyznach: jako zachowania konsumpcyjne (konsumenckie); jako element kultury związany z kultywowaniem tradycji, uznawaniem wartości, przestrzeganiem norm o charakterze religijnym bądź świeckim; wreszcie jako ważny obszar zachowań zdrowotnych w kontekście refleksji i badań w obszarach psychologii zdrowia, promocji zdrowia i edukacji zdrowotnej.

1.1. ANALIZA POJĘCIA „ZACHOWANIA ŻYWIENIOWE" W KONTEKŚCIE ZACHOWAŃ KONSUMENCKICH/KONSUMPCYJNYCH

Podejście traktujące zachowania żywieniowe w szerszym kontekście zachowań konsumpcyjnych (konsumenckich) reprezentują m.in. Magdalena Pilska i Marzena Jeżewska-Zychowicz, które do zachowań żywieniowych zaliczają te związane z wyborem żywności, organizacją nabywania produktów spożywczych, ich przechowywaniem, planowaniem posiłków, ich jakością i częstością spożywania [Pilska, Jeżewska-Zychowicz 2008, s. 38]. Zachowania żywieniowe rozumiane jako zachowania konsumenckie uwzględniają oprócz fazy konsumpcji również zachowania na rynku żywności. Spośród wielu uwarunkowań zwraca się uwagę na czynniki ekonomiczne podejmowania wyborów dotyczących zaspokajania potrzeb żywieniowych. Duże znaczenie przypisywane jest również działaniom marketingowym producentów i dystrybutorów żywności. Wśród czynników społecznych istotną rolę odgrywają faza w cyklu życia rodziny, jej struktura demograficzna i podział ról. Dochody konsumentów determinują ich zachowania żywieniowe, a przesłanki wewnętrzne (podmiotowe) ujawniają się dopiero w grupach zróżnicowanych ekonomicznie, społecznie i kulturowo [Adamczyk 2006, s. 9–10].

Badania na temat zachowań żywieniowych rozumianych jako zachowania konsumenckie związane są m.in. z postawą wobec żywności nowej generacji (*novel food*). Mianem tym określa się zarówno żywność genetycznie modyfikowaną, żywność etniczną, funkcjonalną, ekologiczną oraz tzw. żywność wygodną [Jeżewska-Zychowicz, Babicz-Zielińska i in. 2009; Solomon 2006]. Negatywną postawę wobec tego typu żywności nazywa się neofobią żywieniową. Powstaje ona wówczas, gdy strach przed nowością i niechęć do zmiany tradycyjnych zachowań związanych z odżywianiem dominuje nad ciekawością i poszukiwaniem nowości [Dąbrowska, Babicz-Zielińska 2011, s. 41].

Zachowania związane z konsumpcją żywności nowej generacji mogą mieć zarówno pozytywne, jak i negatywne skutki zdrowotne. Żywność funkcjonalna, ekologiczna, lekka może wpływać na poprawę stanu zdrowia, podczas gdy wysokie spożycie *fast food*, *junk food*, żywności wygodnej może być przyczyną chorób cywilizacyjnych (cukrzyca, otyłość) bądź niedoborów pewnych składników pokarmowych [Gawęcki 2002; Dąbrowska, Babicz-Zielińska 2011]. Interesujące są badania dotyczące poziomu neofobii młodych konsumentów. 17,8% młodych ludzi (poniżej 30. roku życia) reprezentowało wysoki poziom neofobii; dla 16,4% odnotowano niski, zaś największa grupa (65,8%) wykazywała postawę pośrednią – brak wyraźnej akceptacji, ale również brak zdecydowanie negatywnej postawy wobec nowej żywności. Jednocześnie zaobserwowano pozytywną postawę ponad 70% badanych wobec tradycyjnie polskiej żywności [Jeżewska-Zychowicz 2009a, s. 127–128]. Tradycyjna postawa młodych Polaków wobec żywności może świadczyć o dużym udziale czynników kulturowych wśród uwarunkowań zachowań żywieniowych.

Przywiązanie do tradycji w dziedzinie zachowań związanych z odżywianiem i wyborem żywności określane jest mianem „etnocentryzmu konsumenckiego". Jest to przekonanie, że produkt wywodzący się z własnej grupy kulturowej lub etnicznej jest lepszy od podobnego produktu z innej grupy kulturowej lub etnicznej [Sajdkowska 2003, s. 177]. Młodzi mieszkańcy województwa mazowieckiego (18–30 lat), zapytani o opinie na temat żywności polskiej oraz pochodzenia zagranicznego, odpowiadali najczęściej, że żywność polska jest tańsza i ma lepsze walory prozdrowotne niż żywność zagraniczna. Nie krytykowali jednak w sposób jednoznaczny produktów pochodzenia zagranicznego, twierdząc, że stanowią one urozmaicenie dla rynku polskich produktów żywnościowych, a wiele z nich ma znaczenie korzystne dla zdrowia (np. owoce cytrusowe, oliwa z oliwek). Zapytani o opinie na temat uwarunkowań etnocentryzmu na rynku żywności wskazywali na sytuację materialną i wykształcenie. Zdaniem badanych, wśród konsumentów polskiej żywności przeważają osoby o przeciętnym statusie materialnym i raczej z niższym wykształceniem [Sajdkowska 2003, s. 180–182].

1.2. KULTUROWY ASPEKT ZACHOWAŃ ŻYWIENIOWYCH

Zachowania żywieniowe mogą być postrzegane jako element kultury, związany ze zwyczajami oraz normami i wartościami. Warto podkreślić znaczenie różnic obyczajowych mających związek z kulturą kulinarną, będącą często elementem narodowej tradycji (angielskie śniadanie, obiad spożywany przez Włochów w porze polskiej kolacji, tradycja biesiadowania w Polsce z okazji świąt oraz ważnych wydarzeń w rodzinie itp.). Obyczaje (również te wiążące się z odżywianiem) „stanowią jeden z elementów kontroli społecznej, są ważnym regulatorem przynależności do grupy [...] regulują szeroki zakres spraw społecznie doniosłych dla danej grupy, pozostających poza sferą obowiązującego prawa, religii, moralności" [Jeżewska-Zychowicz 2007, s. 42].

Zwyczaje, normy i wartości związane z jedzeniem mogą mieć charakter światopoglądowo-religijny. Szacunek do zwierząt może prowadzić do podjęcia diety wegetariańskiej. W religii chrześcijańskiej tradycją jest szacunek do chleba, powstrzymywanie się od pokarmów mięsnych w okresie postu, umiarkowanie w jedzeniu i piciu, gromadzenie się przy wspólnym stole z okazji najważniejszych świąt itp. Inne religie, jak islam, judaizm, hinduizm czy buddyzm nakłaniają również swoich wyznawców do przestrzegania tradycyjnych norm związanych z jedzeniem. W judaizmie spożywanie posiłku stanowi czynność rytualną, a wyrazem zgodności zasad odżywiania z tradycją żydowską jest koszerność. Przykładem tradycji muzułmańskich związanych z jedzeniem jest wstrzemięźliwość od spożywania pokarmów i picia w czasie ramadanu oraz całkowity zakaz picia napojów alkoholowych. Hinduizm preferuje wegeteriański sposób odżywiania się, co warunkowane jest wiarą w reinkarnację. Ponadto używki i mięso postrzegane są jako przeszkoda w rozwoju duchowym – podobne zalecenia typowe są również dla buddyzmu [Zwoliński 2006; Jeżewska-Zychowicz 2007; Dyczewska 2006].

Różnice kulturowe w zachowaniach żywieniowych dotyczą również płci. Kobiety jedzą zdrowiej, częściej spożywają owoce i warzywa oraz produkty mleczne, częściej sięgają po artykuły pełnowartościowe, wśród kobiet więcej jest wegetarianek. Mężczyźni spożywają więcej produktów wysokoenergetycznych, jedzą więcej mięsa i piją więcej napojów alkoholowych. Kobiety mają większą wiedzę na temat zdrowego odżywiania się, będącego dla nich ważnym wyznacznikiem troski o zdrowie. Zgodnie ze społecznymi wyobrażeniami na temat zachowań „męskich", mężczyźni preferują ruch i sport jako czynniki zdrowego trybu życia. Zachowania żywieniowe kobiet cechuje umiarkowanie, powściągliwość, kontrola, podczas gdy typowe dla mężczyzn jest spożywanie obfitych posiłków i szybkie tempo jedzenia. Różnice dotyczą również okoliczności spożywania posiłków: dla kobiet typowe są spotkania przy kawie i ciasteczkach, a dla mężczyzn „w knajpie za rogiem" [Beckmann 2007].

Kulturowy aspekt zachowań żywieniowych podkreślany jest także w badaniach porównawczych prowadzonych w różnych krajach. Przykładem takich badań może być analiza zachowań związanych z odżywianiem się polskich i niemieckich seniorów. W grupie osób powyżej 60. roku życia większa regularność posiłków występuje u Niemców. Polacy jedzą częściej, ale nieregularnie, częściej też pojadają między posiłkami. Niemieccy seniorzy bardziej dbają o kontrolę zawartości energetycznej posiłków, dlatego też statystycznie rzadziej niż u Polaków występuje u nich otyłość. Ponadto w grupie niemieckiej zaobserwowano częstsze używanie oliwy z oliwek oraz konsumpcję ryb. Prawdopodobnie zdrowszy tryb żywienia Niemców skutkuje nie tak częstym, jak w przypadku polskich seniorów, problemem z układem krążenia (dotyczy on 1/3 Polaków i 5,3% Niemców po 60. roku życia). Autorzy badań przypuszczają, że ważnym czynnikiem różnic w zachowaniach żywieniowych seniorów polskich i niemieckich jest sytuacja materialna. Niemieccy emeryci są po prostu zamożniejsi [Gacek 2008, s. 405–406].

Międzykulturowe badania porównawcze związane z odżywianiem były również prowadzone wśród młodzieży studenckiej w Polsce i w Belgii. Z deklaracji zarówno studentów polskich, jak i belgijskich wynika, że starają się odżywiać zdrowo, a ich wiedza w tym zakresie jest wystarczająco duża. Jednak młodzi Belgowie preferują zdrowszą obróbkę termiczną potraw przez pieczenie, Polacy zaś częściej spożywają produkty smażone. Ponadto wśród studentów belgijskich częstsze jest spożycie ryb oraz owoców i warzyw [Skibniewska i in. 2009, s. 257]. Różnice kulturowe w dziedzinie zachowań żywieniowych Polaków i przedstawicieli narodów Europy Zachodniej wynikają nie tylko z przywiązania do tradycji, ale także ze względu na zasoby ekonomiczne. Polscy konsumenci wybierają tańszą, mniej zdrową żywność, stosunkowo rzadko korzystają z usług gastronomicznych, spożywając posiłki poza domem z uwagi na niskie dochody gospodarstw domowych [Zabrocki, Cordice 2010, s. 33–34].

Kulturowe podejście do problematyki zachowań żywieniowych ukierunkowane jest na poszukiwanie różnic związanych ze sposobem odżywiania się, wynikających z tradycji, religii, jak również zasobów ekonomicznych i warunków glebowo-klimatycznych, będących przyczyną zróżnicowania upraw czy hodowli. Zachowania związane z jedzeniem jako element kultury to ciekawy poznawczo obszar badań socjologicznych i antropologicznych. Dla pedagogów zainteresowanych edukacją żywieniową podejście socjokulturowe wyjaśnia część mechanizmów warunkujących kształtowanie się zachowań związanych z prawidłowym odżywianiem. Sama edukacja żywieniowa nie dąży do kulturowej unifikacji – jej celem nie jest oddziaływanie na czynniki kulturowe, a raczej kształtowanie świadomości zdrowotnej połączonej z prawidłowym odżywianiem, wzmacnianie przekonań o możliwości wpływania na zdrowie przez prozdrowotne zachowania żywieniowe, budowanie adekwatnej samooceny masy ciała, uświadomienie wpływu czynników społecznych (rodzina, grupa rówieśnicza, media itp.).

1.3. ZACHOWANIA ŻYWIENIOWE JAKO OBSZAR ZACHOWAŃ ZWIĄZANYCH ZE ZDROWIEM

Na związek zachowań żywieniowych i zdrowia zwracano uwagę już w starożytności. Seneka przestrzegał przed skutkami obżarstwa oraz spożywania niektórych potraw. Obrazowo tłumaczył w swoich listach, że lody powodują „odrętwienie wątroby"; tuczone błotem ostrygi to „najbardziej niestrawne mięso", które gnije w żołądku; ostry sos „spala słonością trzewia" [za: Winniczuk 2008, s. 392–395]. Starożytni Grecy i Rzymianie szukali uzasadnienia dla zachowań związanych ze zdrowym odżywianiem w teorii humoralnej. Zdrowie jest uwarunkowane stanem homeostazy płynów ustrojowych. W przypadku zakłócenia takiej równowagi można ją przywrócić dzięki właściwemu odżywianiu, np. nadmiar zimnego i wilgotnego humoru można skorygować przez podanie gorących i suchych dań oraz odwrotnie. Zgodnie z teorią „humoralną", dziewice i karmiące matki nie powinny jeść owoców. Jeszcze w XVIII wieku proponowano różne diety humoralne dla różnych typów temperamentów (np. „suchym" i „zimnym" melancholikom proponowano pokarmy wilgotne i ciepłe) [za: Zwoliński 2006, s. 431–432]. Współcześnie wśród wielu modnych diet są również te, nawiązujące do kulinarnych tradycji często odległych nam kultur, w których od tysięcy lat zwraca się uwagę na znaczenie odżywiania dla utrzymania dobrego zdrowia. Przykładem może być zaczerpnięta z chińskiej tradycji dieta pięciu przemian, której podstawą jest utrzymanie we właściwych proporcjach pierwiastków „jing„ i „jang" [Zwoliński 2006, s. 431].

Z punktu widzenia psychologii zdrowia i edukacji zdrowotnej zachowania żywieniowe stanowią jedną z grup zachowań zdrowotnych. Jednak w miarę rozwoju badań i refleksji teoretycznej nad zachowaniami zdrowotnymi zauważa się narastanie trudności związanej z ich definiowaniem. Więcej jest dyskusji na temat sposobów klasyfikowania zachowań zdrowotnych (w tym również żywieniowych) oraz sposobów definiowania niż samych definicji. Zachowania zdrowotne pojmowane są jako „zachowania, które pozostają – w ramach pewnej wiedzy obiektywnej lub subiektywnego przekonania – w istotnym związku ze zdrowiem. Zachowania te mogą sprzyjać równoważeniu obciążeń i działania czynników patogennych przez aktualizowanie zgeneralizowanych zasobów odpornościowych, mogą jednak także, przeciwnie, ten proces zakłócać oraz powodować naruszenie zasobów odpornościowych" [Sęk 1997, s. 45]. Wśród zachowań żywieniowych można wyróżnić zachowania sprzyjające zdrowiu (np. regularność posiłków, częste spożywanie owoców i warzyw, właściwe przechowywanie żywności, dobrą atmosferę podczas posiłku), jak i zachowania stanowiące ryzyko dla zdrowia (stosowanie rygorystycznych diet, pomijanie posiłków, nadmierną konsumpcję produktów bogatych w tłuszcze i cukry).

Zachowania zdrowotne (w tym również żywieniowe) warto określać jako „zachowania związane ze zdrowiem", co stanowi o szerszym treściowo zakresie definiowania tego zjawiska oraz badań z nim związanych [Heszen, Sęk 2007, s. 93]. Takie określenie jest szczególnie uzasadnione, jeżeli zachowań zdrowotnych nie traktujemy jako indywidualnych zachowań, ale jako „psychosocjologiczną kategorię czynności podejmowanych i realizowanych przez ludzi, które:

- bezpośrednio i doraźnie albo pośrednio i w dalszej perspektywie sprzyjają lub szkodzą utrzymaniu normatywnych standardów zdrowia fizycznego i/ lub psychicznego;
- formułują się w rezultacie doświadczeń socjalizacyjnych jednostki, zwłaszcza przez interakcje z bezpośrednim otoczeniem społecznym (człowiek uczy się ich w procesie rozwoju społecznego);
- mają charakter na tyle powszechny, czy masowy, iż stanowią problem społeczny, a nie dotyczą tylko jednostki" [Frączek, Stępień 1997, s. 70–71].

Ze względu na sposób definiowania zachowań zdrowotnych wyróżnia się **definicje skutkowe** oraz **celowościowe.** W obrębie definicji skutkowych opisywane są 2 klasy zachowań: prozdrowotne (promujące zdrowie) oraz antyzdrowotne (ryzykowne, zagrażające zdrowiu). W definicjach tych podkreśla się funkcjonalny charakter zależności między zdrowiem a zachowaniem (zdrowie jest funkcją zachowania) oraz między zachowaniami a procesami socjalizacyjnymi (wzory zachowań są funkcją tradycji i procesów socjalizacyjnych). W definicjach celowościowych zachowania zdrowotne opisują czynności celowo ukierunkowane na zdrowie. Wynikają one z przekonań jednostki o prozdrowotnym znaczeniu podejmowania tych zachowań (np. spożywanie przetworów mlecznych typu jogurty, kefiry wzmacnia układ odpornościowy). Przekonania te mogą być związane z doświadczeniem, wiedzą, cechami osobowości albo wynikają z aktualnego stanu zdrowia.

W psychologii zdrowia ważny jest podział zachowań zdrowotnych na: **nawykowe**, stabilne wzory zachowań prozdrowotnych i antyzdrowotnych oraz **celowe czynności zdrowotne** [Heszen, Sęk 2007, s. 99].

Nawyki zdrowotne są wynikiem procesów socjalizacyjnych i wpływów kulturowych – można je kształtować w procesie socjalizacji pierwotnej od wczesnego dzieciństwa. W tej grupie zachowań zdrowotnych znajdują się nawyki żywieniowe, które powstają w wyniku oddziaływania narodowych i regionalnych tradycji kulinarnych oraz zwyczajów domu rodzinnego przekazywanych z pokolenia na pokolenie. Z tego powodu zalecenia dotyczące stosowania tzw. zdrowej, zbilansowanej diety są często kwestionowane i przyjmowane z oporem.

Duże znaczenie dla kształtowania nawyków żywieniowych ma zmienność wyników badań związanych np. z pro- i antyzdrowotnym znaczeniem picia mleka, stosowaniem diety wegetariańskiej, wątpliwościami na temat masła i margaryny. Sprzeczna i nierozstrzygająca wiedza utrudnia kształtowanie prawidłowych nawyków żywieniowych, nie odbierając przyjemności z jedzenia. Sugerowana przez dietetyków konieczność podporządkowania się rygorom żywieniowym ingeruje w emocjonalną stronę zachowań związanych z jedzeniem. Rygorystyczne zalecenia nie tylko godzą w tradycje kulinarne, ale także ograniczają społeczny aspekt zachowań żywieniowych, jak biesiadowanie, przyjęcia towarzyskie itp. [por. Heszen, Sęk 2007; Thrash 2007]. Socjokulturowe mechanizmy kształtowania nawyków żywieniowych stanowią wyjaśnienie dla trudności edukacji żywieniowej, której zadaniem jest formowanie celowych czynności zdrowotnych związanych z odżywianiem się.

Kształtowanie świadomych zachowań dotyczących zdrowia, będące przedmiotem edukacji zdrowotnej i promocji zdrowia, powinno być nie tylko ukierunkowane na cele prozdrowotne, ale także uwzględniać fazy tych zachowań:

- motywacyjną (najistotniejsze znaczenie mają tu makrooddziaływania, kampanie reklamowe, akcje wzbudzania motywacji prozdrowotnej pojedynczych osób i grup społecznych. W tej fazie dużą rolę odgrywają mechanizmy wpływu społecznego);
- wprowadzanie zmian, czyli urzeczywistnianie intencji (o skuteczności decydują tu mikrooddziaływania w postaci programów profilaktyczno-edukacyjnych; ważnym elementem jest świadome uczestnictwo w programie oraz swobodne decyzje uczestników. Badania wykazały, że brak świadomego zaangażowania podmiotów edukacyjnych daje dobre rezultaty jedynie w pierwszych miesiącach);
- utrwalanie zachowań (ważną rolę odgrywa w tej fazie siła woli, poczucie własnej skuteczności w działaniu oraz wsparcie społeczne) [Heszen, Sęk 2007, s. 138–139].

Związek zachowań żywieniowych ze zdrowiem przedstawiany jest dla potrzeb edukacji zdrowotnej w sposób poglądowy za pomocą piramidy żywieniowej. Powszechnie znana *Food Guide Pyramid* opracowana przez Amerykański Departament Rolnictwa w 1992 roku została znacząco zmodyfikowana. W wyniku analizy licznych badań na temat zależności odżywiania i zdrowia zmieniono m.in. podejście do spożywania tłuszczów, uwzględniające różnice między tłuszczami nasyconymi a nienasyconymi. W nowej piramidzie żywienia zwrócono uwagę na indywidualne zapotrzebowanie energetyczne w diecie oraz wyraźne powiązanie odżywiania i aktywności fizycznej. Zaleca się dodanie do codziennej aktywności przez większość dni tygodnia minimum 30 minut umiarkowanych ćwiczeń fizycznych. Zwiększenie owoców i warzyw w codziennej diecie nie oznacza propagowania ścisłego wegetarianizmu, który jest niekorzystny ze zdrowotnego punktu widzenia – przede wszystkim dla dzieci i młodzieży [Gajewska, Myszkowska-Ryciak 2006, s. 12–15].

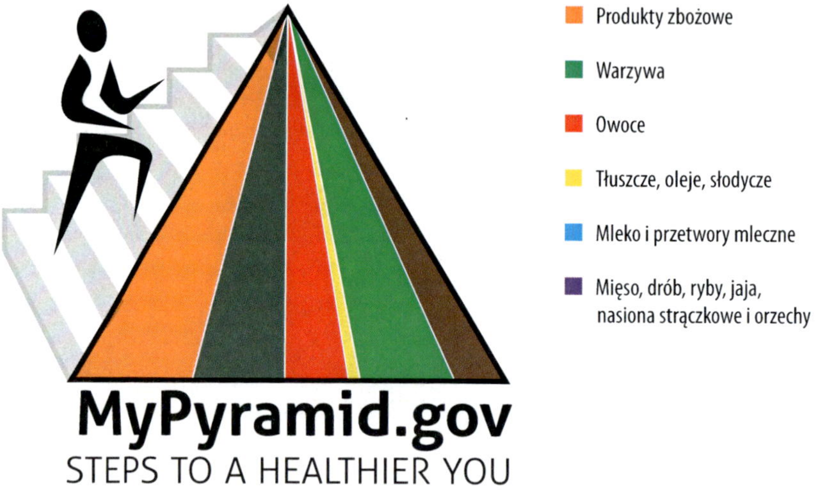

Rys. 1. Nowa piramida żywieniowa USDA z 2005 roku

Źródło: www.mypyramid.gov; D. Gajewska, J. Myszkowska-Ryciak, *Poznaj nową piramidę żywieniową*, „Biologia w Szkole" 2006, nr 4, s. 13.

Sześć różnych kolorów w piramidzie obrazuje różne grupy produktów żywnościowych. Szerokość jej promieni symbolizuje proporcje spożycia produktów z poszczególnych grup. Uwagę zwracają schody przypominające o codziennej aktywności fizycznej, które w myśl hasła zamieszczonego pod schematem są „krokami do zdrowszego życia". Powiązanie edukacji żywieniowej z aktywnością fizyczną stawia nowe wyzwania dla sposobu realizacji jej treści na różnych poziomach edukacji. Są one obecne w programach wielu przedmiotów szkolnych. Nie mogą być obojętne dla nauczycieli wychowania fizycznego w kontekście związków wyborów żywieniowych z ciałem i zdrowiem, a także zdolnością do podejmowania wysiłku fizycznego [Laudańska-Krzemińska i in. 2011, s. 23–30].

Integracja działań edukacyjnych w zakresie kształtowania zachowań żywieniowych oraz promowania aktywności fizycznej wśród polskich uczniów uzasadniona jest niskim poziomem aktywnego spędzania przez nich wolnego czasu. Problem ten dotyczy nie tylko dzieci i młodzieży szkolnej, ale różnych grup wiekowych. Trudno spodziewać się efektów edukacji żywieniowej, jeśli zainteresowania aktywnością fizyczną młodzieży pozostaną ograniczone do oglądania transmisji wydarzeń sportowych w telewizji.

1.4. PROBLEMATYKA ZACHOWAŃ ŻYWIENIOWYCH W KONTEKŚCIE PSYCHOLOGII SPOŁECZNEJ

Podstawę do refleksji i badań na temat uwarunkowań zachowań żywieniowych stanowią teorie psychologii społecznej. Mechanizmy związane z modelowaniem i wpływem społecznym wyjaśniają sposób oddziaływania rodziny, grupy rówieśniczej, szkoły, mediów, norm kulturowych na zachowania związane z odżywianiem się. Wiele zachowań zdrowotnych, w tym również zachowań żywieniowych, wyjaśnianych jest na gruncie teorii informacyjnego i normatywnego wpływu społecznego.

Informacyjny wpływ społeczny sprawia, że podporządkowujemy się osobom, w których widzimy źródło wskazówek dotyczących naszego zachowania. Podatność na wykorzystanie innych jako źródła informacji nasila się, jeżeli sytuacja jest niejasna, wieloznaczna, trudno nam ją ocenić [Aronson 2006, s. 211–216].

Poglądy na temat zdrowego odżywiania się, które docierają do nas np. za pośrednictwem mediów, bywają sprzeczne, chociaż wypowiadane są często przez osoby postrzegane jako eksperci. Przykładem mogą być argumentacje na temat pro- i antyzdrowotnego znaczenia picia mleka, diety wegetariańskiej itp. W takiej sytuacji trudno opierać się na własnych przekonaniach, musimy przyjąć któryś z proponowanych sposobów rozumowania, poddając się informacyjnemu wpływowi społecznemu.

Zachowania żywieniowe są również podatne na działanie normatywnego wpływu społecznego. Motywem podporządkowania się grupie (przejęcia jej poglądów i zachowań) jest wtedy potrzeba bycia akceptowanym. Znaczenie normatywnego wpływu społecznego można wyjaśnić na przykładzie stosowania rygorystycznych diet w celu dostosowania się do kulturowych wzorców atrakcyjności fizycznej [Aronson 2006, s. 219, 224]. Nacisk społeczno-kulturowy na zachowanie bardzo szczupłej sylwetki stanowi groźną formę normatywnego wpływu społecznego. Zachowania te można wyjaśnić również w kategoriach informacyjnego wpływu społecznego – kobiety i dziewczęta dowiadują się od rodziny, przyjaciół, z mediów, na czym polega atrakcyjny wygląd. Badania podejmowane na gruncie psychologii społecznej dotyczące informacyjnego i normatywnego wpływu społecznego w realizacji dążenia do idealnej sylwetki wykazały, że problem ten dotyczy nie tylko kobiet, lecz również mężczyzn [Aronson 2006, s. 227].

Mechanizm działania wpływu społecznego na zachowania żywieniowe nie polega na bezpośrednim naśladowaniu obserwowanych zachowań. Częściej ma on charakter pośredni – przez oddziaływanie na wartości, przekonania, postawy związane ze zdrowiem i zdrowym odżywianiem. W przypadku kształtowania zachowań żywieniowych mamy do czynienia raczej z modelowaniem, które „jest mechanizmem świadomej zmiany własnego zachowania pod wpływem obserwacji cudzego zachowania i jego skutków" [Wojciszke 2002, s. 247]. Wyniki badań nad znaczeniem wpływu społecznego na zachowania jednostek dowodzą, że uznawane wartości, wewnętrzne przekonania i postawy nie prowadzą w bezpośredni sposób do podjęcia oczekiwanych zachowań. Isaac Ajzen i Martin Fishbein udowodnili, że jeśli postawa ma ogólny charakter, trudno spodziewać się wynikających z niej zachowań. Jeżeli postawy są bardziej szczegółowe – pozwalają przewidzieć konkretne zachowania. Pozytywny stosunek do zdrowego stylu życia nie jest podstawą do oczekiwania sprzyjających zdrowiu zachowań żywieniowych, jednak np. przekonanie o prozdrowotnym znaczeniu diety śródziemnomorskiej może być predyktorem częstego spożywania owoców i warzyw [por. Myers 2004, s. 157–158].

Fishbein i Ajzen stwierdzili, że planowane i przemyślane zachowania człowieka można łatwiej przewidzieć, jeżeli uwzględni się jego postawy wobec konkretnych zachowań, subiektywne normy oraz kontrolę nad zachowaniem [Myers 2004, s. 454]. Pogląd ten znany jest jako Teoria Planowanego Zachowania oraz wykorzystywany w psychologii zdrowia i edukacji zdrowotnej do wyjaśniania mechanizmów podejmowania zachowań sprzyjających zdrowiu [Zawadzka 2006, s. 41].

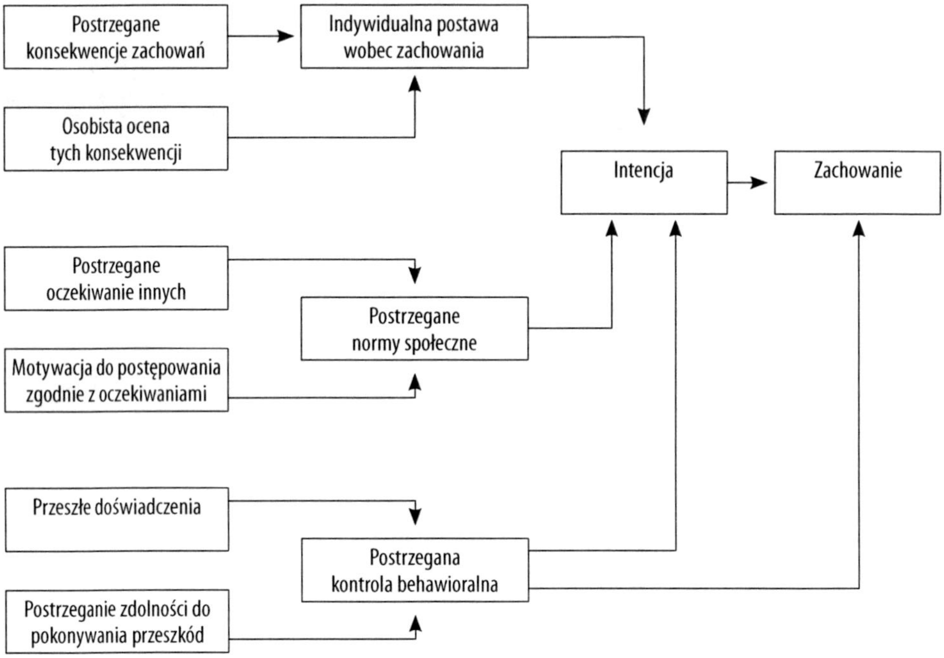

Rys. 2. Teoria Planowanego Zachowania (*Theory of Planed Behaviour*) Isaaca Ajzena

Źródło: I. Heszen, H. Sęk, *Psychologia zdrowia*, PWN, Warszawa 2007, s. 126.

Teoria Planowanego Zachowania należy do grupy modeli wyjaśniających podejmowanie aktywności zdrowotnej określanej jako modele motywacyjne (*motivational models of health behaviour*). Koncentrują się one na fazie przeddecyzyjnej i zmierzają do ustalenia czynników motywacyjnych odpowiedzialnych za rozpoczęcie zachowania zdrowotnego [Ziarko 2006, s. 26–27].

Kluczowym pojęciem tej teorii jest intencja rozumiana jako „behawioralna dyspozycja o wysokiej mocy przewidywania" [Schwarzer 1997]. Intencja poprzedza zachowanie i jest podstawowym predyktorem inicjowania aktywności behawioralnej. Im silniejsza intencja, tym większe prawdopodobieństwo rozpoczęcia zachowania. W jej kształtowaniu biorą udział 3 grupy czynników: indywidualna postawa wobec zachowania (1), subiektywnie postrzegane normy związane z tym zachowaniem (2), spostrzegana kontrola behawioralna (3) [por. Kowalski, Gaweł 2006, s. 132].

1. Indywidualna postawa dotyczy pozytywnego lub negatywnego wartościowania danego zachowania, które jest następstwem osobistych przekonań na temat jego konsekwencji oraz oceny rezultatu zachowania. Intencja do podejmowania prozdrowotnych zachowań żywieniowych może być ukształtowana pod wpływem przekonania o tym, że np. częste jedzenie owoców i warzyw sprzyja zdrowiu, któremu jednostka przypisuje wysoką wartość.

2. Subiektywnie postrzegane normy to inaczej przekonanie o tym, jak inni ludzie (w szczególności osoby znaczące) oceniają podjęcie określonego zachowania przez jednostkę oraz co sądzą o możliwości osiągnięcia celu związanego z podjęciem aktywności. Norma subiektywna jest tym silniejsza, im bardziej jednostce zależy na aprobacie otoczenia społecznego. Subiektywna norma może być rozumiana jako siła społecznego nacisku wobec zachowania. Ważnym czynnikiem do ukształtowania się silnej intencji podejmowania prozdrowotnych zachowań żywieniowych będzie przekonanie, że osoby z najbliższego otoczenia postrzegają je jako korzystne dla zdrowia i chciałyby, aby jednostka takie zachowania podjęła. Jeżeli liczy się ona z tymi opiniami, istnieje duże prawdopodobieństwo powstania intencji, która może doprowadzić do aktywności behawioralnej. Znaczenie subiektywnych norm dostrzegane jest w edukacji zdrowotnej. Tak zwana edukacja normatywna [Woynarowska 2007, s. 503] może mieć zastosowanie w edukacji żywieniowej. Subiektywne normy jednostki zależą w dużym stopniu od spostrzeganej aprobaty lub dezaprobaty dla danego zachowania u osób znaczących. W przypadku dzieci i młodzieży takimi osobami mogą być rówieśnicy, idole, rodzice. W edukacji żywieniowej edukacja normatywna może oznaczać kształtowanie i wzmacnianie norm sprzyjających podejmowaniu prozdrowotnych zachowań żywieniowych. Takie normy funkcjonują w życiu społecznym, są jednak osłabiane przez przemiany obyczajowe, liberalizację postaw, brak konsekwencji ze strony rodziców, jak również działalność reklamy i mediów. Realizacja programów edukacji żywieniowej wykorzystujących edukację normatywną powinna być skierowana np. na korygowanie błędnych przekonań na temat akceptacji modelu bardzo szczupłej sylwetki osiąganej dzięki drastycznym dietom szkodliwym dla zdrowia. Programy te powinny być adresowane nie tylko do młodzieży, ale również do rodziców i liderów rówieśniczych.

3. Postrzegana kontrola behawioralna dotyczy przekonania o dysponowaniu zasobami umożliwiającymi podjęcie określonego działania i osiągnięcie celu po pokonaniu ewentualnych przeszkód. Podstawą dla tego przekonania mogą być doświadczenia. Intencja do podjęcia korzystnych dla zdrowia zachowań żywieniowych będzie

silniejsza, jeżeli jednostka będzie przekonana, że jej motywacja do podjęcia takich zachowań jest wystarczająco silna, aby pokonać możliwe do wystąpienia przeszkody (np. nieregularny tryb życia). Zadaniem edukacji zdrowotnej (w tym edukacji żywieniowej) w zakresie zwiększenia znaczenia postrzeganej kontroli behawioralnej dla ukształtowania się intencji prozdrowotnych zachowań jest wzmacnianie poczucia podmiotowości i związanej z nim samooceny, samoświadomości, poczucia sprawstwa, odpowiedzialności za własne decyzje, asertywności itp. [Redding i in. 2000, s. 183–184].

Oceny zastosowania Teorii Planowanego Zachowania dla podejmowania wyborów żywieniowych dokonał Richard Shepherd z grupą współpracowników z Institute of Food Research w Wielkiej Brytanii [Shepherd, Sparks, Guthrie 1995]. Badacze dostrzegli znaczenie tego modelu jako punktu wyjścia do dalszych poszukiwań nad współzależnością wielu czynników mających istotne znaczenie dla podejmowania wyborów żywieniowych oraz zachowań zdrowotnych związanych z jedzeniem. Stwierdzili, że model koncentrujący się na czynnikach poznawczych nie wyjaśnia w wystarczający sposób wyborów żywieniowych i związanych z nimi zachowań. Postulowali także dokładniejszą operacjonalizację postrzeganej kontroli behawioralnej. Ich zdaniem, Teorię Planowanego Zachowania należałoby rozszerzyć o czynniki emocjonalne, ponieważ żywności często przypisuje się emocjonalne znaczenia symboliczne. Nie mniej ważne są czynniki moralne związane z podejmowaniem zachowań żywieniowych – religijne, światopoglądowe. Przykładem mogą być oceny moralne osiągnięć inżynierii genetycznej związane z żywnością genetycznie zmodyfikowaną. Dla osób wierzących duże znaczenie mają zobowiązania wynikające z wyznawanej i praktykowanej religii (posty chrześcijańskie, koszerne jedzenie w judaizmie, brak wieprzowiny w diecie islamu itp.) [Zwoliński 2006, s. 373–378]. Jako przejaw współczesnej religijności, mający odzwierciedlenie w zachowaniach żywieniowych, postrzegany jest też wegetarianizm [Dyczewska 2006].

Badania sondażowe na temat zachowań żywieniowych młodzieży z wykorzystaniem Teorii Planowanego Zachowania prowadzone były w Stanach Zjednoczonych przez Stefanie Fila i Chery Smith z Uniwersytetu w Minnesocie. Badano korelacje między poszczególnymi elementami modelu Ajzena: zachowanie, intencja, postawy, subiektywne normy, postrzegana kontrola behawioralna. Dodatkowo wprowadzono dwa czynniki: bariery oraz samoskuteczność. Zaskakującym wnioskiem wynikającym z analizy korelacyjnej jest brak statystycznej zależności między intencją zdrowego odżywiania się badanej młodzieży a zachowaniami żywieniowymi. Dostrzeżono jednak istotne statystycznie zależności między zachowaniami prozdrowotnymi a postawami wobec takich zachowań oraz subiektywnymi normami. Czynniki te (postawy i subiektywne normy) korelują nie tylko z zachowaniami, ale także z intencją behawioralną. Istotne statystycznie zależności występują też między zachowaniami a barierami (np. dostępność, smak, postrzeganie zaspokojenia głodu) oraz postrzeganą kontrolą behawioralną. Intencja behawioralna wysoko korelowała natomiast z samoskutecznością. Autorki sugerowały konieczność rozszerzenia dociekań badawczych w celu sprawdzenia charakteru relacji między zachowaniami żywieniowymi a intencją ich powstania. Prawdopodobne jest oddziaływanie innych czynników rozszerzających Teorię Planowanego Zachowania [Fila, Smith 2006].

Postulowana konieczność rozbudowania Teorii Planowanego Zachowania w celu uchwycenia zależności między zachowaniami żywieniowymi a większą liczbą warunkujących je czynników nie przekreśla znaczenia tej teorii dla analizowania mechanizmów edukacji żywieniowej, ponieważ:

- koncentruje się nie tylko na analizie zachowań oraz ich uwarunkowań, ale także na czynnikach zmiany zachowań, która jest istotą oddziaływań edukacyjnych;
- wśród czynników podmiotowych podkreśla znaczenie indywidualnej postawy wobec zachowania. Związane z nią wartości i przekonania na temat zdrowego odżywiania można kształtować w procesie edukacji żywieniowej;
- czynniki związane z wpływem społecznym nie oddziałują na jednostkę w sposób bezrefleksyjny, na zasadzie prostego naśladownictwa. Są one traktowane jako postrzegane normy postępowania, których przyjęcia oczekuje otoczenie. Decyzję o zmianie zachowań na zgodne z oczekiwanymi przez osoby znaczące ostatecznie podejmuje sama jednostka, co respektuje zasadę podmiotowości w edukacji;
- ewaluacja skuteczności podejmowanych działań związanych ze zmianą zachowań żywieniowych na bardziej prozdrowotne dokonywana jest przez podmiot uczący się. Element samokontroli, samooceny pojawia się na każdym etapie dokonywania zmian w zakresie zdrowego odżywiania się. Ważna jest zarówno samoocena masy ciała jako punkt odniesienia do zmiany zachowań żywieniowych, samoocena dotychczasowego sposobu odżywiania, ocena możliwości zmiany zachowań i wytrwałości w podjętych postanowieniach, postrzegana zdolność do pokonywania przeszkód mogących się pojawić na drodze do zmian;
- podjęcie intencji zmiany zachowań nie gwarantuje, że staną się bardziej prozdrowotne. Potencjalne czynniki zmiany zachowań żywieniowych nie warunkują jej zaistnienia i utrwalenia. Należy uwzględniać czynniki w sposób kompleksowy, analizując zależności między nimi. Ponadto, aby odnieść pożądany efekt, proces edukacji żywieniowej powinien być długotrwały, wielopłaszczyznowy, uwzględniający różne sposoby oddziaływań.

1.5. INTERDYSCYPLINARNE MODELE WYJAŚNIAJĄCE ZACHOWANIA ŻYWIENIOWE

Dziedziną integrującą wiedzę na temat zachowań żywieniowych czerpaną z nauk społecznych z wiedzą biomedyczną jest dietetyka. W ostatnim czasie, ewoluując w kierunku psychodietetyki, wśród czynników wyjaśniających zachowania żywieniowe obok właściwości żywności zwraca uwagę na uwarunkowania psychospołeczne

[Gawęcki, Hryniewiecki 2008; Bujko 2008]. Przykładem modelu próbującego wyjaśnić zachowania żywieniowe w sposób interdyscyplinarny jest model Shepherda, uwzględniający 3 grupy wpływów mających znaczenie dla wyborów żywieniowych: jedzenie, podmiot oraz czynniki społeczno-ekonomiczne:

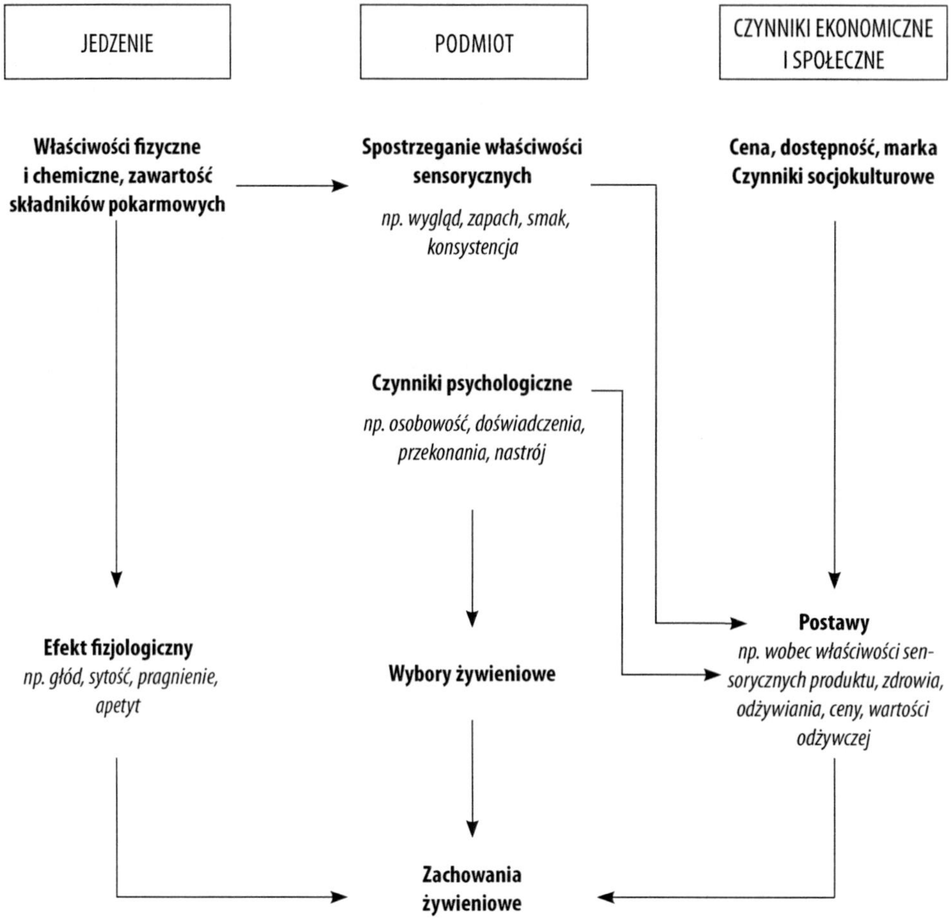

Rys. 3. Uwarunkowania wyborów i zachowań żywieniowych

Źródło: R. Shepherd, P. Sparks, C. A. Gutrie, *The application of the Theory of Planned Behaviour to consumer food choice*, „European Advances in Consumer Research" 1995, nr 2, s. 360–365 [tłumaczenie własne].

Model ten nawiązuje do Teorii Planowanego Zachowania, uwzględniając postawy będące predyktorami zachowań żywieniowych. Postawy mogą być uwarunkowane czynnikami zarówno podmiotowymi, jak i socjokulturowymi. Dostrzeżenie właściwości żywności jako czynnika zachowań żywieniowych wyróżnia je od innych zachowań zdrowotnych czy konsumenckich. Cechy żywności mogą być oceniane z punktu widzenia ich właściwości prozdrowotnych bądź możliwości zaspokojenia fizjologicznej potrzeby głodu.

Czesław Bywalec i Leszek Rudnicki, traktując zachowania żywieniowe z punktu widzenia ekonomii jako zachowania konsumpcyjne, wyróżniają następujące ich czynniki:

1. Biologiczne i ekologiczne – uwzględniające wpływ fizjologii człowieka na jego potrzeby i zachowania żywieniowe (wiek, wzrost, waga, sprawność fizyczna) oraz wpływ środowiska rozumianego jako miejsce (region) zamieszkania. Autorzy zwracają uwagę na unifikację poziomów i stylów życia, co sprawia, że Europejczycy odżywiają się w podobny sposób.
2. Ekonomiczne – związane z dostępnością żywności, dochodami gospodarstw domowych, poziomem cen artykułów spożywczych. Czynniki ekonomiczne, zdaniem autorów, powiązane są z modelowaniem zachowań konsumpcyjnych – przyjmowaniem wzorca „tak jak inni".
3. Demograficzne i społeczne – uwzględniające fakt, że zachowania żywieniowe mają miejsce w przestrzeni społecznej gospodarstw domowych i powinny odpowiadać na potrzeby poszczególnych członków rodziny związanie z wiekiem, płcią, strukturą czasu wolnego, aktywnością zawodową itp.
4. Kulturowe – do których możemy zaliczyć zwyczaje i tradycje związane z poczuciem przynależności narodowej i regionalnej. Kulturowe uwarunkowania zachowań konsumpcyjnych (żywieniowych) mają, według autorów, coraz mniejsze znaczenie [Bywalec, Rudnicki 1999, s. 38–54].

Marzena Jeżewska-Zychowicz traktuje zachowania żywieniowe jako zachowania konsumenckie, w mniejszym stopniu akcentując ich znaczenie prozdrowotne. Odwołując się do koncepcji społeczno-poznawczej Alberta Bandury, uzasadnia osadzenie czynników indywidualnych w kontekście czynników środowiskowych wzajemnym przenikaniem się czynników charakteryzujących jednostkę z uwarunkowaniami środowiskowymi, w których ona funkcjonuje [Jeżewska-Zychowicz 2007, s. 14–15]. W modelu Jeżewskiej-Zychowicz wyodrębnione zostały następujące grupy uwarunkowań zachowań żywieniowych.

1. Cechy środowiska fizycznego, w tym cechy: geograficzne środowiska, biologiczne jednostki oraz demograficzne jednostki.
2. Cechy środowiska społecznego, w tym cechy: psychologiczne jednostki, społeczno-zawodowe jednostki, ekonomiczne środowiska i społeczno-kulturowe środowiska.

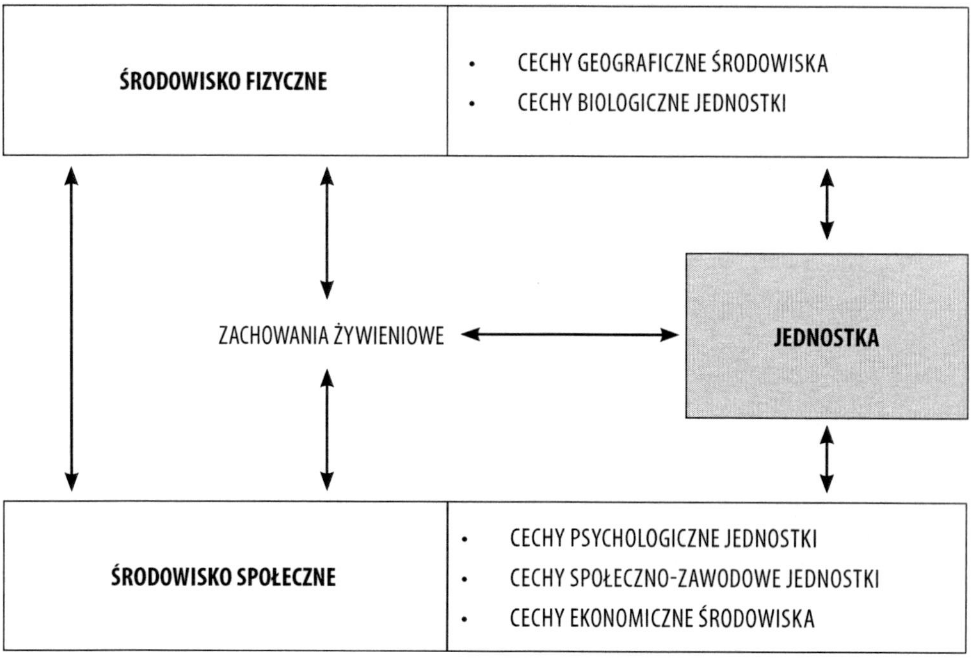

Rys. 4. Czynniki warunkujące zachowania żywieniowe

Źródło: M. Jeżewska-Zychowicz, *Zachowania żywieniowe i ich uwarunkowania*, Wydawnictwo SGGW, Warszawa 2007, s. 15.

Warto zauważyć, że autorka cechy podmiotowe jednostki umieszcza w kontekście czynników związanych ze środowiskiem fizycznym bądź społecznym.

Uwarunkowania zachowań żywieniowych dzieci i młodzieży różnią się od czynników kształtujących wybory i nawyki związane z odżywianiem się dorosłych. Przywołując interdyscyplinarny model uwarunkowań zachowań żywieniowych młodzieży autorstwa Lois A. Lund i Marguerite C. Burk [1969], często dyskutowany w literaturze amerykańskiej, Jeżewska-Zychowicz wyodrębniła elementy wpływu rodziny i szkoły na kształtowanie zachowań dziecka związanych z odżywianiem. Zestawiając czynniki rodzinne i szkolne, model ich wpływu na zachowania żywieniowe dziecka można przedstawić w sposób następujący:

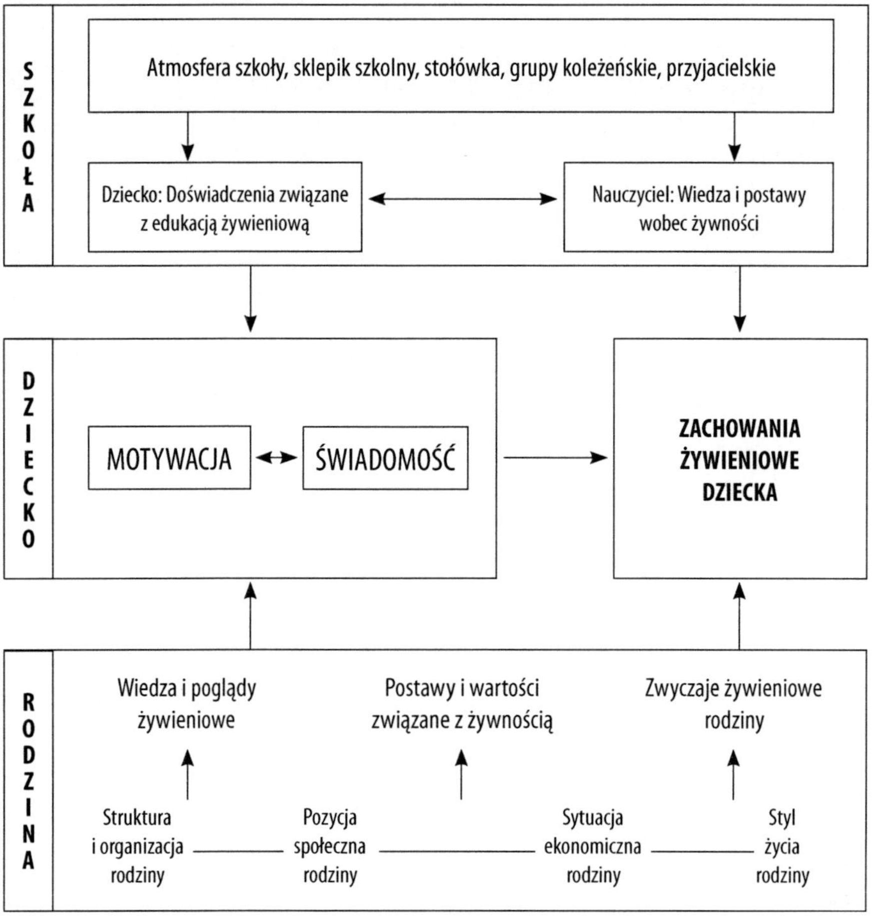

Rys. 5. Rodzina i szkoła wobec zachowań żywieniowych dziecka

Źródło: Na podstawie M. Jeżewska-Zychowicz, *Zachowania żywieniowe i ich uwarunkowania*, Wydawnictwo SGGW, Warszawa 2007, s. 83, 93.

Warto zwrócić uwagę, że w analizowanym modelu wpływ czynników rodzinnych na zachowania żywieniowe dzieci związany jest z przekazywaniem wiedzy oraz modelowaniem postaw i wartości, a także zwyczajów żywieniowych członków rodziny. Wpływ rodziny na zachowania żywieniowe dziecka może mieć charakter bezpośredni lub pośredni – przez oddziaływanie na czynniki podmiotowe, angażując motywację i świadomość dziecka do podejmowania określonych zachowań związanych z jedzeniem. Diva Sajnur interpretuje wpływ bezpośredni rodziny na zachowania żywieniowe dziecka jako przede wszystkim dostarczanie określonej żywności, zaś pośredni jako „transmisję postaw wobec żywności oraz kształtowanie preferencji żywieniowych" [za: Jeżewska-Zychowicz 2007, s. 82]. Wśród czynników rodzinnych mających znaczenie dla kształtowania zachowań żywieniowych dziecka warto zwrócić uwagę na szerokie spektrum uwarunkowań związanych z funkcjonowaniem rodziny: strukturę, pozycję społeczną, sytuację ekonomiczną, styl życia. Wpływ tych czynników na dziecko i jego zachowania związane z odżywianiem się ma charakter zmiennych pośredniczących wobec wiedzy, poglądów, postaw, wartości, zwyczajów rodziny.

Uwarunkowania zachowań żywieniowych związane z wpływem szkoły, podobnie jak w przypadku rodziny, mogą mieć charakter czynników bezpośrednich i pośrednich – oddziałujących na motywację i świadomość dziecka. W modelu tym podkreślone zostało znaczenie szkolnej edukacji żywieniowej oraz roli nauczyciela, który staje się nośnikiem wiedzy i postaw wobec żywności modelowanych przez uczniów. Atmosfera szkoły, funkcjonowanie sklepiku szkolnego i stołówki szkolnej oraz wpływ szkolnej grupy rówieśniczej stanowi tło dla edukacji żywieniowej realizowanej w szkole. Taki sposób postrzegania znaczenia środowiska szkolnego w kształtowaniu zachowań żywieniowych podkreśla rangę edukacji żywieniowej, co stanowi duże wyzwanie dla modyfikacji programów szkolnych w kierunku zwrócenia większej uwagi na realizację treści związanych z tym obszarem edukacji zdrowotnej. Analizowany model nie uwzględnia bezpośredniego wpływu grupy rówieśniczej (również pozaszkolnej) na zachowania żywieniowe dzieci i młodzieży, obejmującego m.in. symboliczne znaczenie określonych produktów żywnościowych oraz modę na jedzenie pewnych produktów. Nie uwzględniono w nim również oddziaływania tzw. dalszego otoczenia społecznego, a w szczególności znaczenia wzorów kulturowych, w tym przekazywanych w środkach masowego przekazu [Jeżewska-Zychowicz 2007, s. 108].

Analizując podmiotowe i środowiskowe czynniki zachowań żywieniowych dzieci i młodzieży, warto odwołać się do ekologicznego modelu uwarunkowań zachowań zdrowotnych Richarda Jessora. Zakłada on współwystępowanie czynników mikro- i makrośrodowiskowych oraz indywidualnych na powstawanie zachowań ryzykownych w różnych obszarach zdrowia.

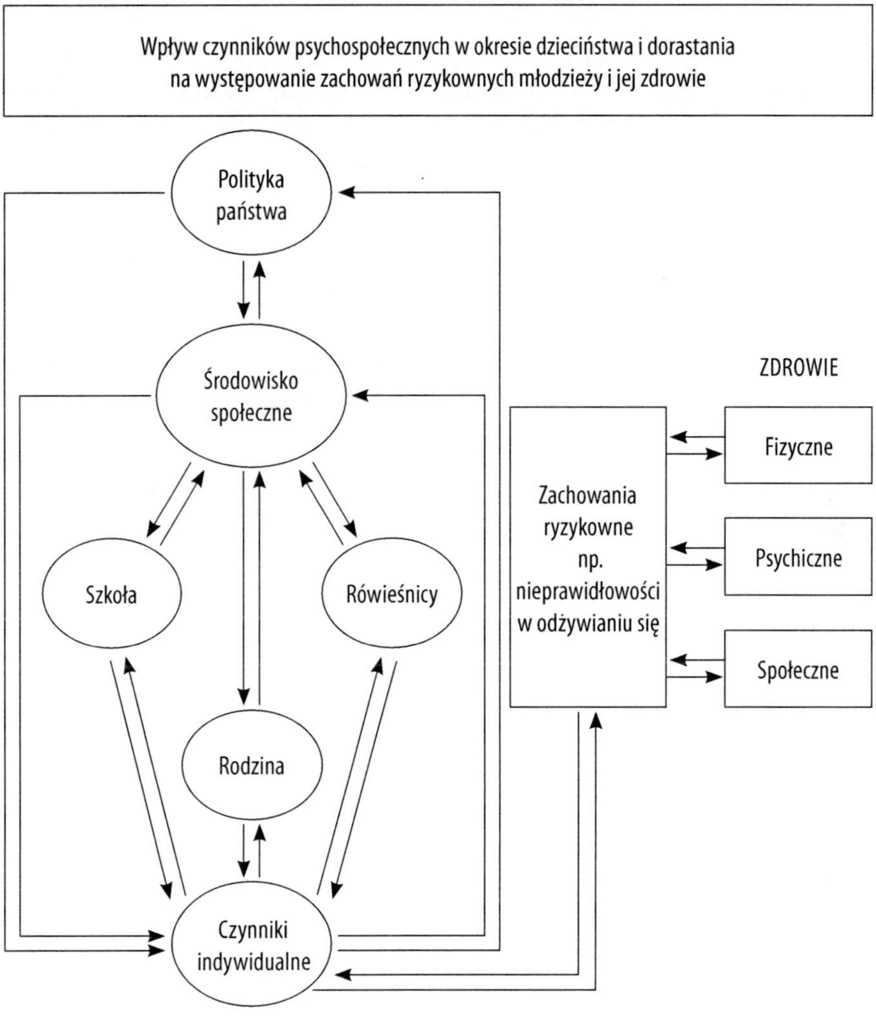

Rys. 6. Ekologiczny model Richarda Jessora ilustrujący związek między czynnikami środowiskowymi i indywidualnymi a zachowaniami i zdrowiem młodzieży

Źródło: A. Oblacińska, B. Woynarowska, *Zachowania zdrowotne młodzieży szkolnej w Polsce: wyniki badań HBSC 2002*, „Zdrowie Publiczne" 2004, nr 114 (2), s. 10.

Przykładem zachowań ryzykownych związanych z odżywianiem się może być nieregularność posiłków, źle zbilansowana dieta, nieuzasadnione odchudzanie się, jedzenie zbyt dużych ilości słodyczy przez dzieci i młodzież. Skutkiem takich zachowań mogą być problemy ze zdrowiem zarówno fizycznym, psychicznym, jak i społecznym (np. negatywna samoocena i odrzucenie przez rówieśników w sytuacji otyłości). W niektórych przypadkach konsekwencją zachowań ryzykownych związanych z odżywianiem się mogą być takie poważne zaburzenia, jak anoreksja czy bulimia. Warto zwrócić uwagę, że w modelu Jessora czynniki ekologiczne dominują nad podmiotowymi, nie uwzględniono w nim wpływu mediów na ryzykowne zachowania zdrowotne, w tym związane z odżywianiem się.

Analiza prezentowanych modeli wyjaśniających zachowania żywieniowe nasuwa spostrzeżenie, że w żadnym z nich nie uwzględniono całokształtu czynników warunkujących prozdrowotne zachowania związane z odżywianiem się. Niektóre modele odnoszące się do zachowań żywieniowych w sposób niewystarczająco czytelny opisują czynniki podmiotowe i środowiskowe, inne zbytnio koncentrują się na cechach fizycznych i chemicznych żywności, marginalizując aspekt zdrowotny. Czasami w modelach tych uwzględnione są jedynie cechy bliższego wpływu społecznego (rodzina, szkoła), natomiast wpływy związane z oddziaływaniem mediów, reklamy, mody są niewidoczne. Modele kształtowania zachowań zdrowotnych nie zawsze łatwo adaptować do analizy zachowań związanych ze zdrowym odżywianiem, ponieważ np. koncentrują się bardziej na zachowaniach ryzykownych (antyzdrowotnych) niż na zasobach.

Rozdział II
Zachowania żywieniowe młodzieży jako przedmiot badań pedagogicznych

Reprezentatywne ogólnopolskie badania na temat zachowań żywieniowych młodzieży szkolnej zostały przeprowadzone w Polsce w ramach cyklicznego międzynarodowego projektu HBSC (*Health Behaviour In School – aged Children*). W badaniach tych wzięła udział 6383-osobowa grupa polskich 11–15-latków. Narzędziem badawczym był międzynarodowy kwestionariusz zaadaptowany do warunków polskich i sprawdzony w badaniach pilotażowych. Wśród zachowań związanych z żywieniem analizowano częstość spożywania głównych posiłków (śniadanie, obiad, kolacja) oraz niektórych produktów spożywczych uznawanych za „zdrowe" bądź „niezdrowe", a także stosowanie diet oraz podejmowanie innych działań służących odchudzaniu [Woynarowska, Mazur 2004, s. 160–161].

2.1. ZNACZENIE SPOSOBU ODŻYWIANIA DLA PRAWIDŁOWEGO ROZWOJU DZIECI I MŁODZIEŻY SZKOLNEJ

Analizując częstość spożywania śniadań przez badaną młodzież, zauważono, że posiłek ten codziennie je 69% badanych. Jednak częstość jego spożywania przez chłopców rośnie wraz z wiekiem, a w przypadku dziewcząt maleje. W grupie 15-latków codzienne spożywanie śniadań deklaruje 70,3% chłopców i 60,3% dziewcząt. 15,2% chłopców i 19,7% dziewcząt w wieku 15 lat w ogóle nie jada śniadań [Woynarowska, Mazur 2004, s. 162]. W 2006 roku Anna Oblacińska i Barbara Woynarowska z zespołem za pomocą tych samych narzędzi przeprowadziły badania na reprezentatywnej ogólnopolskiej próbie starszej młodzieży. Okazało się, że uczniowie w wieku 16–18 lat jeszcze częściej niż ich młodsi koledzy pomijają śniadania, a różnica między dziewczętami a chłopcami w tym zakresie jest większa. 56,7% dziewcząt i 69,7% chłopców codziennie je śniadanie, a odpowiednio 23,6% oraz 15,9% nie je go nigdy [Oblacińska, Woynarowska 2006, s. 58].

Interesujące wnioski płyną z analizy wyników badań dotyczących spożywania śniadań przez młodzież gimnazjalną przeprowadzonych na terenie Gdańska. Wprawdzie ponad 83% badanych 14–15-latków deklarowało, że codziennie je śniadanie, jednak, jak pokazały odpowiedzi na pytanie postawione w sposób bardziej szczegółowy – niektórzy z nich jako śniadanie traktują wypicie ciepłego płynu (np. kakao), soku lub zjedzenie owoców. Specjaliści do spraw żywienia, będący autorami badania stwierdzili, że tak rozumiane „śniadanie" nie wystarczy, aby zaspokoić energetyczne potrzeby młodego organizmu. Pełny posiłek przed wyjściem z domu spożywało nieco powyżej połowy respondentów, zaś 15% wychodziło z domu na czczo [Wołowski, Jankowska 2007, s. 65–66].

Dietetycy zwracają uwagę, że bardzo ważne jest spożywanie II śniadania w szkole. Zasada regularności posiłków, szczególnie istotna dla prawidłowego funkcjonowania młodego organizmu, zakłada, że powinny być spożywane co 3–4 godziny. Uczniowie przebywający w szkole do 6 godzin powinni zjeść 1 posiłek – II śniadanie lub ciepłe danie. Natomiast uczniowie spędzający w szkole powyżej 6 godzin powinni w tym czasie spożyć 2 posiłki. Przy zbyt długich przerwach między posiłkami dochodzi do spadku glukozy we krwi, co niekorzystnie wpływa na wydolność fizyczną i intelektualną uczniów. Pomijanie II śniadania jako dodatkowego posiłku w szkole powoduje osłabienie, rozdrażnienie, problemy z emocjami, gorsze wyniki w nauce. Uczniowie spożywający posiłek w szkole lepiej radzą sobie z zadaniami wymagającymi zapamiętywania i koncentracji, osiągają też lepsze wyniki z matematyki czy geografii [Wolnicka 2008, s. 50]. Z badań przeprowadzonych przez Ewę Mędrelę-Kuder [2009, s. 14–15] wynika, że najczęściej do pomijania II śniadania w diecie przyznają się uczennice liceum – 17% z nich w ogóle nie jada posiłku w szkole. Ważna jest też jakość II śniadania. Wprawdzie 40% badanej młodzieży szkół ponadgimnazjalnych w szkole je kanapki, ale dla 1/4 drugim śniadaniem są pączki i drożdżówki, a 15% jako II śniadanie je słodycze bądź chipsy czy paluszki.

Analizując częstość odchudzania się badanej młodzieży w wieku 11–18 lat, należy zwrócić uwagę na rosnący wraz z wiekiem odsetek młodzieży stosującej diety i inne sposoby odchudzania się. Problem stosowania diet dotyczy 1/4 dziewcząt w wieku 15–18 lat, które odchudzają się kilkakrotnie częściej niż chłopcy [por. Woynarowska, Mazur 2004, s. 162; Oblacińska, Woynarowska 2006, s. 61]. Wobec rozmiaru zjawiska odchudzania się nastoletnich dziewcząt warto przyjrzeć się również sposobom redukcji masy ciała. Pomijając prawdopodobieństwo braku uzasadnienia obiektywnej konieczności odchudzania się większości badanych, pozytywny aspekt tego typu działań związany jest z deklarowanymi sposobami redukcji wagi uznawanymi za korzystne dla zdrowia. Jako sposób na odchudzanie się 71,8% dziewcząt podaje ćwiczenia fizyczne, 73,3% – spożywanie większej ilości owoców i warzyw, 61,4% – picie więcej wody, 58,5% – jedzenie mniej słodyczy, a 54,5% stosowanie diety z niską zawartością tłuszczów. Powodem do obaw mogą być jednak działania podejmowane w celu redukcji wagi, takie jak: ograniczanie ilości jedzenia przez 58,7% dziewcząt, pomijanie posiłków – 51,7%, a szczególnie częstsze palenie tytoniu – 13,5%, praktykowanie głodówek – 11,9%, zażywanie tabletek odchudzających lub przeczyszczających – 6,8% oraz wywoływanie wymiotów – 4,3% [Oblacińska, Woynarowska 2006, s. 61].

Ważnym wskaźnikiem zachowań żywieniowych młodzieży, analizowanym w licznych badaniach, jest fakt spożywania produktów powszechnie uznawanych za korzystne dla zdrowia (nabiał, owoce i warzywa) oraz szkodliwe (słodycze, fast foody, chipsy, słodkie napoje). W badaniach HBSC 46,1% młodzieży w wieku 11–15 lat przyznało, że codziennie je owoce, natomiast o 10% mniej deklarowało stosowanie warzyw w codziennej diecie. Analiza takich prozdrowotnych zachowań w grupie 15-letnich dziewcząt i chłopców ujawniła, że znacznie częściej po owoce i warzywa sięgają dziewczęta [Woynarowska, Mazur 2004, s. 163]. Z badań prowadzonych wśród gimnazjalistów na Pomorzu wynika, że różnice dotyczące deklarowanej codziennej konsumpcji warzyw związane są z miejscem zamieszkania młodzieży na wsi lub w mieście. Do codziennego spożywania warzyw przyznaje się 53% gimnazjalistów mieszkających w mieście oraz tylko 39% zamieszkałych na wsi [Pieszko-Klejnowska i in. 2007, s. 60]. Ponad 1/3 badanych nastolatków przyznawała się do codziennej konsumpcji słodyczy, przy czym w grupie 15-latków, podobnie jak w przypadku spożywania zdrowych owoców i warzyw, większą tendencję do codziennego pojadania słodyczy mają dziewczęta. 1/4 badanej młodzieży codziennie pije słodkie napoje typu cola; w tym przypadku jednak zwyczaj ten dotyczy w większym stopniu chłopców [Woynarowska, Mazur 2004, s. 163].

Analizę czynników warunkujących zachowania żywieniowe młodzieży europejskiej przeprowadzono w ramach realizacji projektu badawczego HELENA (*Healthy Lifestyle in Europe by Nutrition in Adolescents*). Uczestnikami badania była młodzież w wieku 13–16 lat z dziesięciu krajów Wspólnoty Europejskiej (Polska nie znalazła się wśród uczestników projektu). Typowym zachowaniem żywieniowym młodych ludzi we wszystkich badanych krajach było pojadanie między posiłkami. Wśród czynników, które zdaniem badanych decydują o ich wyborach żywieniowych, na pierwszym miejscu znajduje się smak. Młodzi Europejczycy zwracają również uwagę na wpływ rodziców (którzy zwykle namawiają dzieci do zdrowego odżywiania) oraz wygodę przygotowania posiłku. Młodzież podkreślała ponadto znaczenie dostępności produktów oraz tradycji [Gilbert i in. 2007]. Niektórzy badacze zwracają uwagę na wiedzę żywieniową. Polsko-czeskie badania w dużej grupie młodzieży w wieku gimnazjalnym wykazały, że dziewczęta w porównaniu z chłopcami mają znacznie lepszą wiedzę dotyczącą energetyki wysiłków fizycznych, odżywiania się, obniżania masy ciała i wielu innych aspektów związanych z odżywianiem jako elementu zdrowego stylu życia [Górna-Łukasik i in. 2010, s. 11–15].

Człowiek jest istotą społeczną, która żyje w określonym kontekście kulturowym stanowiącym tło dla indywidualnej biografii. Socjokulturowe uwarunkowania mogą być rozumiane jako czynniki sytuacyjne, jak również społeczne i psychologiczne determinanty osobistych interpretacji i zachowań [Barloesius 1999]. Analizując postawy, przekonania, zachowania związane z odżywianiem się, należy uwzględnić różne możliwości interpretacji pojęć. Przykładem może być pojęcie „głodu" rozumiane przez nastolatka jako sytuacja, której następstwem jest podejście do lodówki i wzięcie czegoś do jedzenia. Jego rówieśnikowi głód może kojarzyć się z przejściowym stanem oczekiwania na pojawienie się ciepłego posiłku na stole. Można rozważyć także interpretację nastolatka cierpiącego na anoreksję, dla którego głód jest stanem męczącym, wydłużonym w czasie, jednak wybranym przez niego w sposób świadomy. Natomiast młody człowiek dotknięty bulimią skojarzy głód z utratą kontroli bądź, będącymi źródłem wstydu, napadami obżarstwa. Jednak w sposób najbardziej „klasyczny" głód będzie rozumiany przez nastolatka, którego rodzice, będąc beneficjentami ośrodka pomocy społecznej, otrzymywane pieniądze, zamiast na zapewnienie potrzeb rodziny, wydają na alkohol. W tym przypadku głód będzie interpretowany jako zagrożenie życia.

Sposoby radzenia sobie z „głodem" obok sytuacyjnego kontekstu socjokulturowego mogą mieć różne uwarunkowania osobiste, jak wiedza, motywacja, umiejętności życiowe [por. Sokołowska 2007, s. 444–470], istnienie alternatyw, cechy osobowościowe itp. W koncepcji tej zachowania żywieniowe traktowane są jako indywidualne reakcje będące próbą zaspokojenia potrzeb związanych z jedzeniem. Potrzeby te warunkowane są nie tylko biologicznie, ale także związane są z sytuacją rodzinną, funkcjonowaniem w grupie rówieśniczej. Ważną rolę odgrywają również media. Czynniki środowiskowe wpływają na sposób interpretacji przez młodzież różnych pojęć związanych z jedzeniem, takich jak: dieta, obiad, zdrowe odżywianie się itp.

Akcentowanie znaczenia indywidualnego zachowania podkreślane jest w teoriach subiektywnie zorientowanej socjologii. W teorii symbolicznego interakcjonizmu Blummera „rzecz" przez interakcje jednostek w konkretnym „świecie" nabiera znaczenia symbolicznego, które uzależnione jest od kontekstu społecznego. Zrozumienie zagadnienia socjokulturowych uwarunkowań zachowań żywieniowych młodzieży utrudnia fakt, że młodzi ludzie żyją w „wielu światach" – rodziny, szkoły, grupy rówieśniczej, mediów, religii [por. np. Zwoliński 2006] itp.

2.2. RODZINNE UWARUNKOWANIA ZACHOWAŃ ŻYWIENIOWYCH

Wśród wielu funkcji, jakie pełni rodzina, możemy wymienić zabezpieczenie potrzeb żywieniowych jej członków. Sposób realizacji tego zadania zależy od możliwości finansowych gospodarstw domowych, a także poziomu wykształcenia rodziców. Badania przeprowadzone na grupie 1308 16–18-latków z regionu Podlasia wykazały statystycznie istotne zależności między spożywaniem nabiału, piciem mleka i stosowaniem diety wegetariańskiej a wykształceniem rodziców. Sytuacja bytowa rodziny jest czynnikiem różnicującym spożywanie nabiału, regularność posiłków, jedzenie warzyw/surówek, spożywanie minimum 3 posiłków dziennie [Białokoz-Kalinowska i in. 2006, s. 119–120].

Oprócz warunków ekonomiczno-bytowych i wykształcenia rodziców dla zachowań żywieniowych dorastającej młodzieży nabierają znaczenia inne czynniki związane z funkcjonowaniem rodziny. Indywidualne życzenia, wspólne decyzje, preferencje żywieniowe dorastających członków rodziny coraz częściej są uwzględniane w planowaniu zakupów oraz przygotowywaniu rodzinnych posiłków. Nietrudno dostrzec zmiany kulturowe związane ze spożywaniem posiłków w gronie rodzinnym. Kiedyś obowiązywała zasada, że „je się to, co jest podawane na stół". Jeżeli przy tym zaspokajane były jakieś preferencje żywieniowe domowników, to dotyczyły one osoby ojca – głowy rodziny. Dziś przy rodzinnym stole pozycję ojca zajmują dzieci. Jednak to matki odgrywają podstawową rolę w kształtowaniu nawyków żywieniowych swoich dzieci. Często jest ona pełniona mimochodem, w sposób bierny – nie zawsze można zauważyć wprost, jak opinie matek na temat jedzenia przekazywane są córkom. W innych przypadkach wpływ rodziców na sposób odżywiania się dzieci może być bardziej bezpośredni – na przykład wymagają od swoich córek, aby były ładne, co utożsamiane bywa z bardzo szczupłą sylwetką. Wpływ matki jest tym większy, im dziecko jest młodsze. Szczególnie dziewczęta mają tendencję do naśladowania swoich matek w podejściu do odżywiania. Wyniki badań pokazały, że otyłe matki mają większy odsetek córek niż synów z nadwagą (już w wieku przedszkolnym), a ich obsesje na punkcie żywienia i diet są przenoszone na następne pokolenia w linii żeńskiej [Cutting i in. 1999, s. 608–613]. Interesujące badania na temat wpływu matek na kształtowanie przekonań normatywnych związanych ze sposobem odżywiania dorastającej młodzieży zostały przeprowadzone na grupie prawie 10 tysięcy nastolatków i ich rodzicielek [Field i in. 2005, s. 1121–1126]. Zarówno dziewczęta, jak i chłopcy, którzy sądzili, że ich matki chcą, aby byli szczuplejsi, 2–3 razy częściej martwili się, że nie mogą schudnąć. Przekonanie, że szczupła sylwetka jest ważna dla rodzica była dla nastolatków wystarczającą motywacją do podjęcia odchudzania [za: Jacennik 2008, s. 122–123].

Liberalny styl wychowania preferowany w wielu współczesnych rodzinach dotyczy również sfery edukacji żywieniowej. W codziennych rodzinnych zakupach nie zapomina się o słodkich i słonych przekąskach, lodach. 59,6% rodziców niemieckich 6–19-latków przyznaje, że kupują je dzieciom tak często, jak tylko chcą. Tylko 1/5 z nich nie zjada w tygodniu co najmniej jednej tabliczki czekolady, a 1/3 słonych przekąsek typu chipsy, paluszki. Często dzieci kupują same te produkty. Warto podkreślić, że dotyczy to nawet 6-latków [Bratsch 2006, s. 86–87].

Indywidualne zaspokajanie swoich potrzeb żywieniowych z uwzględnieniem osobistych preferencji nie należy do rzadkości. Istnieje przekonanie, że szkoda czasu na przygotowywanie tradycyjnych pracochłonnych dań, członkowie rodziny są zajęci codziennymi obowiązkami oraz realizacją swoich indywidualnych potrzeb i zainteresowań, przy których celebrowanie posiłku, wybór odpowiednich produktów, przyrządzanie jedzenia postrzegane są jako strata czasu. Taką postawę podpowiadają również media, w których promowane jest wygodne jedzenie. To sprawia, że nawet dzieci samodzielnie mogą nie tylko kupować, ale też przygotowywać sobie posiłki, dorastając jako część współczesnego społeczeństwa konsumpcyjnego. Dysponują relatywnie wysokim kieszonkowym, dzięki czemu są bardzo poważnie traktowane przez rynek produktów spożywczych.

Odchodzenie od tradycji biesiadowania przy wspólnym stole krytykowane jest nie tylko z punktu widzenia edukacji żywieniowej, ale także wychowania w szerszym znaczeniu. Wspólne spożywanie posiłków sprzyja poprawie komunikacji w rodzinie, jest okazją do zacieśniania więzi [Bratsch 2006, s. 68–69]. Amerykańskie badaczki z Uniwersytetu w Minnesocie [Fulkerson i in. 2006, s. 526–531] przeprowadziły analizę postaw grupy 902 nastolatków i ich rodziców wobec wspólnego spożywania posiłków. 57% rodziców i 47% nastolatków przyznało, że przynajmniej 5 razy w ostatnim tygodniu spożywało razem posiłki. Stwierdzono znaczące rozbieżności w wypowiedziach między dziećmi i rodzicami dotyczące przypisywania znaczenia wspólnym posiłkom. Są one ważne dla 97,7% rodziców i 62,9% ich dzieci. Dostrzeżono również różnice między postrzeganiem atmosfery domowych posiłków oraz gotowością przestrzegania reguł przy wspólnym stole. Mimo tych różnic zarówno młodzież, jak i rodzice mają pozytywne postawy wobec wspólnego biesiadowania, traktują takie sytuacje jako możliwość pogłębienia więzi, ponieważ „obiad to coś więcej niż tylko jedzenie" [Fulkerson i in. 2006, s. 528].

Rolą rodziny, oprócz zaspokajania potrzeb żywieniowych jej członków, jest pierwotna edukacja żywieniowa. Jej cel to m.in. umiejętność wykorzystania produktów spożywczych w celu regulacji emocji. Jedzeniu często nadaje się znaczenie emocjonalne; pełni ono funkcje społeczne, psychologiczne, wychowawcze, np. słodycze stanowią popularną formę nagrody, czekolada to sposób na pocieszenie. Susanne Grunert wymienia 4 wymiary symbolicznego znaczenia jedzenia: bezpieczeństwo (*Sicherheit*), przyjemność (*Lust*), uznanie (*Geltung*) i przynależność (*Zugehoerigkeit*) (Grunert 1993, s. 54).

Celem pierwotnej edukacji żywieniowej jest również umiejętność oceny artykułów spożywczych. Może ona zależeć od obiektywnych cech żywności, jej image'u bądź subiektywnego wartościowania jej przez konsumentów. Już uczniowie szkoły podstawowej potrafią przyporządkować produkty do kategorii żywności „zdrowa" i „niezdrowa". Nastoletnie dziewczęta z łatwością oceniają je pod względem zawartości tłuszczów, kalorii. Takie kategoryzowanie produktów często wykorzystywane jest w profilaktyczno-edukacyjnych programach prozdrowotnych oraz budowaniu wizerunku produktów w reklamie. Przykładem mogą być niekończące się dyskusje na temat „masło kontra margaryna" bądź dobroczynnego działania nienasyconych kwasów tłuszczowych zawartych w różnych artykułach spożywczych albo podnoszących odporność jogurtów zawierających probiotyczne bakterie.

W badaniach Niemieckiego Towarzystwa Żywieniowego (Deutsche Gesellschaft für Ernährung) dostrzeżono, że zależność wyborów żywieniowych od różnych uwarunkowań zewnętrznych (związanych przede wszystkim z funkcjonowaniem rodziny) wzrasta wraz z wiekiem dziecka. Bodźce zewnętrzne ważne dla zachowań żywieniowych nastolatków to na przykład tradycje rodzinne, przyzwyczajenia i preferencje żywieniowe dostrzegane w najbliższym otoczeniu, ale także przekonania i oceny produktów żywnościowych przez matkę, postrzegane normy kulturowe, obserwowane sytuacje społeczne związane z przyjmowaniem pokarmu, częstość spożywanych posiłków itp. [Deutsche Gesellschaft für Ernährung (DGE) 1988, s. 205]. Udowodniono również, że wspólne spożywanie posiłków, ładnie nakryty stół pozytywnie wpływają na prozdrowotny sposób odżywiania się (większe spożycie owoców i warzyw, preferowanie pełnoziarnistego pieczywa itp.). Dostrzeżono również dodatnią korelację między postawą wobec jedzenia określaną jako „konieczność" (jedzenie musi prowadzić do szybkiego uczucia sytości i powinno być tanie) oraz spożyciem niezdrowych przekąsek (ciastka, chipsy, słone paluszki itp.). Warto również zauważyć różnicę między chłopcami a dziewczętami, które odżywiają się bardziej zdrowo i świadomie, mają większe wymagania wobec społecznej sytuacji spożywania posiłków, a także samej żywności [Gerhards, Roessel 2003, s. 67–68].

Wpływ społeczny rodziny na zachowania żywieniowe dzieci i młodzieży nie zawsze ma charakter pozytywny. Liczne badania potwierdzają dodatnią korelację między nadwagą rodziców i dzieci. Współzależność ta może występować zarówno na poziomie fizycznym (kiedy można ją wyjaśnić predyspozycjami genetycznymi), jak i psychospołecznym [Logue 1995, s. 290]. Wspólne posiłki wpływają na ilość spożywanych produktów oraz preferencje żywieniowe. Osoby przy wspólnym stole przeważnie jedzą więcej, niż gdyby same spożywały posiłek, najczęściej wybierają te produkty, które konsumowane są przez większość współbiesiadników, co nie zawsze jest zgodne z podmiotowymi wyborami żywieniowymi. Badania wykazały również, że ilość spożywanego jedzenia rośnie wraz z liczebnością współuczestników posiłku [De Castro 1997, s. 39–54]. Przy rodzinnym stole zachodzi ryzyko modelowania nawyków żywieniowych sprzyjających powstawaniu nadwagi i otyłości u dzieci i młodzieży. Dzieci mogą być namawiane przez rodziców do jedzenia w większych ilościach, niż wynika to z ich zapotrzebowania. Ponadto koncentrowanie uwagi na konsumpcji może prowadzić do zaniedbania innych aspektów wychowania w rodzinie [por. Logue 1995, s. 310].

Potwierdzone licznymi badaniami znaczenie rodziny w kształtowaniu zachowań żywieniowych dzieci i młodzieży powinno motywować do podejmowania działań związanych z edukacją żywieniową skierowanych także do rodziców. Warto ich również zaangażować w szkolną edukację żywieniową, np. realizując wspólne projekty promujące zdrowy styl życia osób w różnym wieku. Rodzice mogliby być zarówno odbiorcami, jak i partnerami nauczycieli, edukatorów zdrowia, dietetyków w przedsięwzięciach związanych z edukacją żywieniową.

2.3. ZNACZENIE GRUPY RÓWIEŚNICZEJ W KSZTAŁTOWANIU POSTAW MŁODZIEŻY WOBEC ODŻYWIANIA SIĘ

Wraz z wiekiem rodzina przestaje być dla dziecka jedyną i najważniejszą grupą odniesienia w procesie kształtowania zachowań żywieniowych. Duże znaczenie w edukacji żywieniowej może odegrać szkoła – nie tylko przez wiedzę o żywieniu, która pojawia się w programach szkolnych, ale przede wszystkim dzięki tzw. szkolnej kulturze żywienia. Aktywność szkolna dzieci i młodzieży nie ogranicza się do nauki; postawy wobec żywienia kształtowane są przez przykład, jaki dają nauczyciele oraz uczestnictwo w (szkolnej) grupie rówieśniczej. W koncepcji Jeżewskiej-Zychowicz edukacja żywieniowa domowa ma charakter socjalizacji pierwotnej (prymarnej).

Szkolną edukację żywieniową należy rozumieć jako socjalizację wtórną. Kolejnym etapem jest edukacja dorosłych [Jeżewska-Zychowicz 1996, s. 26].

Analizując cechy grupy rówieśniczej, korzystne z punktu widzenia kontynuowania prymarnej edukacji żywieniowej zapoczątkowanej w rodzinie, badacze zwracają uwagę na pozytywne znaczenie „jednorodności środowiska szkolnego" [Fauth 1999, s. 66]. W grupach różnorodnych pod względem wieku, płci, a zwłaszcza statusu społecznego, jedzenie może być przyczyną zazdrości, a nawet rywalizacji.

Preferowanie przez dzieci i młodzież pewnych produktów żywnościowych jest elementem mody. Traktowane są one podobnie jak ubrania czy telefony komórkowe. Mogą być wyznacznikiem prestiżu społecznego lub nośnikiem pewnych znaczeń symbolicznych. Dotyczy to zwłaszcza produktów spożywanych wśród przyjaciół poza domem: słodkich przekąsek kupowanych w sklepiku szkolnym czy tzw. fast foodów. Produkty te oznaczają dla młodych ludzi coś więcej niż tylko składniki, z których są wykonane – są nośnikami ważnych dla nich „kulinarnych kodów". Frytki traktowane są jako coś innego niż tylko kawałki ziemniaków usmażonych w oleju. Podobnie jak inne przekąski i fast foody spożywane w grupie służą raczej jej integracji niż zaspokojeniu głodu [Barloesius 1999, s. 94; Bratsch 2006, s. 82].

Podejmowanie pewnych zachowań żywieniowych może być związane z zabieganiem o wysoką pozycję w grupie. Spotkania w McDonaldzie, zakupy przekąsek w sklepie w pobliżu szkoły na „dużej przerwie" – to ważne elementy funkcjonowania wielu grup rówieśniczych. W niektórych grupach zwraca się uwagę na rodzaj II śniadania spożywanego w szkole: kanapka, owoce, drożdżówka, słodycze – mogą oznaczać odmienny status społeczny. Powodem odrzucenia może być brak II śniadania lub pieniędzy na kupienie czegoś w zamian. Wpływ społeczny grupy rówieśniczej na zachowania żywieniowe może mieć charakter informacyjny (warto zjeść jabłko na szkolne II śniadanie, bo nie tuczy), jak również normatywny (kto zrezygnuje ze wspólnego wyjścia do McDonalda może się liczyć z wykluczeniem z grupy) [Fauth 1999, s. 66].

Interesujące badania na temat wpływu rówieśników na zachowania związane z konsumpcją przeprowadziły w Stanach Zjednoczonych Eleanor R. Mackey i Annette M. La Greca z Uniwersytetu w Miami [Mackey, La Greca 2007, s. 13–23]. Badaczki analizowały znaczenie identyfikowania się nastolatków z subkulturą młodzieżową dla podejmowania zachowań związanych ze zdrowym odżywianiem się. Amerykańscy uczniowie *high schools* często przynależą do jednej z grup: *Jocks* – wysportowani członkowie szkolnych drużyn sportowych; *Brains* – skoncentrowani na nauce prymusi; *Burnouts* – sprawiający trudności wychowawcze, popadający w kłopoty wagarowicze; *Populars* – powszechnie lubiani, zaangażowani w wiele zadań liderzy grup rówieśniczych; *Alternatives* – indywidualiści walczący z normami społecznymi. Za pomocą analizy regresji sprawdzono zależność między identyfikacją z każdą z grup a zdrowym i niezdrowym sposobem odżywiania się, aktywnością fizyczną, odchudzaniem się oraz zachowaniami bulimicznymi. Stwierdzono, że skoncentrowani na nauce *Brains* statystycznie częściej niż pozostali nastolatkowie preferują zdrowy sposób odżywiania, młodzież identyfikująca się z tą subkulturą podejmuje również zachowania zmierzające do odchudzania się. Popadający w różne kłopoty *Burnouts* wybierają raczej niekorzystne dla zdrowia zachowania żywieniowe. Dostrzeżono również zależność między przynależnością do *Burnouts* i tendencją do bulimii [Mackey, La Greca 2007, s. 17].

Badania marketingowe produktów żywnościowych potwierdzają znaczenie wpływu społecznego na zachowania żywieniowe dzieci i młodzieży, przy czym większą rolę przypisuje się wpływowi grupy rówieśniczej niż rodziny [Bratsch 2006, s. 80]. Być może dlatego reklamy medialne kierowane są do grup rówieśniczych, akcentując znaczenie zaspokajania potrzeb społecznych dzięki sięganiu po pewne produkty żywnościowe (np. jedna z reklam batona Mars sugeruje, że dostarcza on niezbędnej energii, by podjąć wyzwanie w sportowej rywalizacji zespołowej. Bez niego młody człowiek nie poradzi sobie w drużynie, gdyż będzie w formie jak jego „własna babcia").

Analiza reklam telewizyjnych produktów żywnościowych pozwala odnaleźć w nich przekaz edukacyjny skierowany przede wszystkim do młodych ludzi, zgodnie z którym dobre odżywianie składa się w 60% z tłustych i słodkich przekąsek uzupełnianych słodkimi napojami i produktami typu *fast food*. Powinny być one spożywane spontanicznie i możliwie często. Ich dodatkowe zalety to: dostępność (nie tylko w sklepie spożywczym, ale również w kiosku z gazetami, na stacji benzynowej), higieniczne opakowanie, niezależność (nie wymagają umiejętności kulinarnych), zapewnienie energii do nauki i pracy [Diehl 1999, s. 42].

Zachowania żywieniowe młodzieży manifestowane pod wpływem grupy rówieśniczej stanowią często próbę zaspokojenia potrzeby przynależności, uznania, ale także samostanowienia, oddzielenia się od świata dorosłych. Sposobem realizacji tych potrzeb, a jednocześnie symbolem kultury żywieniowej młodzieży, są fast foody. Badania wykazały, że kieszonkowe i inne nieregularne „dochody", jakimi dysponuje nastoletnia młodzież, przez 11% wydawana jest zwykle na „szybkie jedzenie" poza domem. Przeciętny nastolatek bywa w McDonaldzie, Burger Kingu czy w innym miejscu „szybkiej obsługi" 3–4 razy w tygodniu. W ten sposób zaspokaja w większym stopniu potrzeby społeczne niż typowo żywieniowe. Świadczą o tym stwierdzenia większości badanej młodzieży, że tego typu jedzenie nie zastępuje im domowego obiadu [Bratsch 2006, s. 82, 86–88; Fauth 1999, s. 65].

Złożoność czynników wpływu grupy rówieśniczej na kształtowanie zachowań związanych z jedzeniem wydaje się szczególnie ważna dla szkolnej edukacji żywieniowej. Nie powinno się jej ograniczać do przekazywania wiedzy na temat prozdrowotnego sposobu odżywiania. Wskazane jest, aby treści i metody edukacji żywieniowej uwzględniały społeczny kontekst wyboru produktów żywnościowych (np. słodkie przekąski i fast foody wybierane są nie tylko ze względu na walory smakowe, ale także na możliwość przyjemnego spędzania wolnego czasu w grupie znajomych). Osoby odpowiedzialne za realizację szkolnej edukacji żywieniowej powinny mieć na uwadze związek wyborów i zachowań żywieniowych oraz identyfikacji dzieci i młodzieży z grupą rówieśniczą, zapewnienia w niej pozycji, zaspokojenia potrzeby samostanowienia itp.

2.4. MEDIA A ZACHOWANIA ŻYWIENIOWE MŁODZIEŻY

Analiza powiązań między korzystaniem z mediów a zachowaniami żywieniowymi wskazuje na co najmniej 3 czynniki negatywnego wpływu mediów na sposób odżywiania się dzieci i młodzieży:

1. Bierny sposób spędzania wolnego czasu w postaci oglądania telewizji, korzystania z komputera itp. sprzyja utrwalaniu negatywnych nawyków żywieniowych (np. pojadanie słodyczy i picie słodkich napojów).
2. Rodzinne posiłki przed telewizorem, stanowiące zły nawyk w wielu domach, mogą przyczynić się do bezrefleksyjnego spożywania większych porcji jedzenia, niż wynikałoby to z indywidualnego zapotrzebowania.
3. Reklamy artykułów spożywczych mogą prowadzić do niekontrolowanego spożycia wielu produktów, które z punktu widzenia profilaktyki zdrowia należałoby ograniczać, a nawet eliminować.

Joyce Giammatei z grupą współpracowników zrealizowała w Santa Barbara w Kalifornii projekt badawczy, mający na celu poznanie zależności między korzystaniem z mediów, zachowaniami żywieniowymi oraz problemem otyłości młodzieży. Dostrzeżono istotny statystycznie ($p < 0{,}001$) związek między oglądaniem telewizji ponad 2 godziny dziennie a piciem słodkich gazowanych napojów (ponad 3 porcje dziennie) oraz ryzykiem otyłości mierzonym średnim BMI i zawartością tkanki tłuszczowej. Autorzy badań zwrócili uwagę, że oglądanie telewizji przez młodzież (któremu towarzyszy często pojadanie, picie słodkich napojów) sprzyja powstawaniu nadwagi i otyłości ze względu na brak aktywności fizycznej. Badacze stwierdzili, że wpływ reklamy produktów spożywczych w mediach na eskalację problemu nadwagi i otyłości byłby nadinterpretacją wyników. Jednak zwrócili uwagę na brak zależności statystycznej między korzystaniem z komputera a nadwagą badanej młodzieży, co wskazywałoby na znaczenie treści przekazywanej przez media, a nie tylko ilości czasu wolnego spędzanego w sposób bierny, pozbawiony aktywności fizycznej (Giammatei i in. 2003, s. 884–885).

Zjawisko jedzenia przed telewizorem analizowała m.in. Jayne Fulkerson, która wraz z grupą współpracowników z Uniwersytetu w Minnesocie badała postawy dzieci i ich rodziców wobec rodzinnych posiłków. Chociaż respondenci wskazywali na znaczenie atmosfery przy wspólnym stole, blisko 60% badanych nastolatków wypowiedziało się, że wspólny obiad z rodziną je się w ich domach, oglądając jednocześnie telewizję [Fulkerson i in. 2006, s. 529].

Szczególne znaczenie reklamy żywności dla zachowań żywieniowych młodzieży podkreślała Anna Kołłajtis-Dołowy. W badanej przez nią grupie ponad 1600 dziewcząt i chłopców w wieku 16–24 lat aż 80% deklarowało, że nabywa i spożywa produkty żywnościowe pod wpływem reklamy. Uzyskane w badaniach wyniki pozwoliły autorce stwierdzić, że reklamy żywności mogą oddziaływać zarówno pozytywnie, jak i negatywnie na zachowania żywieniowe. Osoby podatne na reklamę preferowały nie tylko spożywanie fast foodów i słodyczy, ale również ryb gotowanych, owoców i warzyw [Kołłajtis-Dołowy 2010, s. 183–184].

Oddziaływanie reklamy produktów żywnościowych na zachowania żywieniowe dzieci i młodzieży prowadzące do nadwagi i otyłości analizował Artur Mazur [Mazur in. 2006, s. 18–21]. W badaniach tych stwierdzono, że reklamowana żywność to w 71,4% produkty o wysokiej zawartości tłuszczów i węglowodanów, a 14,3% – to słodkie napoje. Tylko 14,3% reklamowanej żywności można by określić jako zdrową. Pojedyncze reklamy nie kształtują w sposób znaczący nawyków żywieniowych, lecz wpływają na zachowania następujące w niedługim czasie po ich emisji. Jednak te 40 tysięcy reklam, które przeciętnie ogląda w ciągu roku każde dziecko, w dłuższej perspektywie może mieć znaczący wpływ na utrwalanie się nieprawidłowych nawyków żywieniowych dzieci i młodzieży [Mazur 2009, s. 130].

Wpływ społeczny mediów, a w szczególności reklamy, na podejmowanie zachowań i wyborów związanych z jedzeniem podkreślają rodzice, nauczyciele, pedagodzy oraz potwierdzają liczne badania naukowe. Warto tu zwrócić uwagę na pozytywną rolę mediów jako potencjał w edukacji żywieniowej. Reklama społeczna (np. promująca zdrową żywność lub zdrowy sposób odżywiania), lokowanie zdrowych produktów żywnościowych w programach telewizyjnych o wysokiej oglądalności, zaangażowanie dziecięcych idoli (piosenkarzy, aktorów, bohaterów kreskówek) w promowanie zdrowego stylu życia to tylko niektóre możliwości do wykorzystania w edukacji żywieniowej dzieci i młodzieży właśnie za pośrednictwem mediów.

Rozdział III
Socjalizacja wartości i przekonań związanych ze zdrowym odżywianiem – wyzwanie dla edukacji żywieniowej

Termin „edukacja żywieniowa" może być szeroko rozumiany. Oprócz edukacji formalnej, obejmującej wiedzę żywieniową nauczaną w systemie szkolnym, znacznie większy zasięg ma edukacja żywieniowa nieformalna, której źródłem może być zarówno dom rodzinny, jak i mass media [Jeżewska-Zychowicz 1996, s. 26].

Analizując strategie kształtowania zdrowych nawyków żywieniowych, Barbara Jacennik zwraca uwagę na konieczność edukacji konsumentów żywności oraz niezbędne regulacje prawne służące zmianie zachowań konsumenckich na bardziej korzystne z punktu widzenia zdrowia. Autorka proponuje m.in. regulowanie cen niezdrowej żywności przez opodatkowanie, ograniczenie reklamy produktów żywnościowych skierowanej do dzieci, ograniczenie sprzedaży niezdrowej żywności w szkołach, regulowanie oferty posiłków w stołówkach szkolnych, wpływanie na procesy produkcji żywności oraz ekspozycję artykułów żywnościowych na półkach sklepowych. Za strategie kształtowania nawyków żywieniowych związane bezpośrednio z edukacją żywieniową można uznać: uczenie matek zasad zdrowego żywienia, uczenie zasad zdrowego żywienia w szkołach, kreowanie mody na zdrowe żywienie w mediach i w prasie, napisy informujące o składzie żywności [Jacennik 2008, s. 124–127].

Szczególne znaczenie w edukacji żywieniowej przypisuje się obecnie mediom. Treści z nią związane coraz częściej można spotkać w reklamie społecznej. Podkreśla się również rolę tzw. medycyny teleprewencyjnej w kształtowaniu prawidłowych nawyków żywieniowych. Scenariusze popularnych seriali, programów typu *reality show* konsultowane są ze specjalistami zdrowia publicznego. Dzięki temu „w sposób praktycznie niewidoczny dla przeciętnego odbiorcy" treści edukacji żywieniowej mogą trafiać do milionów telewidzów [Januszewicz 2009, s. 173–174]. Warto zwrócić uwagę na rosnącą popularność kanałów o tematyce kulinarnej, a także programów, których uczestnicy na oczach milionów telewidzów, przy wsparciu trenerów, lekarzy i dietetyków, zmieniają swoje nawyki żywieniowe, wzmacniając potencjał zdrowotny.

3.1. ZDROWIE JAKO WARTOŚĆ

Postrzeganie zachowań żywieniowych w kategoriach zachowań zdrowotnych uzasadnia ich powiązanie z wartościami, a w szczególności z postrzeganiem zdrowia jako wartości. Powiązanie zachowań żywieniowych jako kategorii zachowań zdrowotnych z wartościami wydaje się szczególnie ważne w perspektywie pedagogicznej, gdy uwzględnimy znaczenie wartości w wychowaniu.

Pojęcie „wartości" jest zdaniem Stefana Kunowskiego jednym z fundamentalnych pojęć pedagogiki, a teoria wartości jest istotnym wyjaśnieniem dla procesu wychowania. Bez znajomości wartości nie można w pełni zrozumieć zjawisk związanych z wychowaniem [Kunowski 2003, s. 39–40]. W ujęciu pedagogicznym wartość to coś, co jest ważne i cenne dla jednostki i społeczeństwa, a zarazem godne pożądania. Mieczysław Łobocki traktuje ją jako przedmiot pragnień, coś, o co warto zabiegać, jeśli nie zagraża istnieniu ładu moralnego w świecie. Wartości, jego zdaniem, mogą zaspokajać podstawowe potrzeby człowieka, a także stanowić istotny czynnik regulacji jego postępowania i nadawać głębszy sens ludzkiej egzystencji [Łobocki 2004, s. 24–25].

W edukacji żywieniowej istotne wydaje się również podejście do wartości Abrahama Maslowa, który wiąże je z potrzebami. Według niego wartości stanowią reprezentacje potrzeb, stąd hierarchie wartości w pewnym stopniu odzwierciedlają hierarchie potrzeb. Przypisywanie zdrowiu wysokiej wartości wynika z konieczności zaspokojenia podstawowych potrzeb człowieka. „Wartość zdrowie" jest funkcją potrzeb fizjologicznych i bezpieczeństwa. Brak ich zaspokojenia utrudnia prawidłowy rozwój w kierunku samorealizacji. Koncepcja potrzeb i wartości Maslowa traktuje „wartość zdrowia" jako instrumentalną, służącą do realizacji wartości i potrzeb wyższego rzędu [Brzozowski 2007, s. 71–74].

Hierarchiczny układ wartości występuje w filozoficznej koncepcji Maxa Schelera, który twierdził, że na najniższym stopniu hierarchii znajdują się wartości zmysłowe, następnie witalne, duchowe, zaś najwyżej usytuowane są wartości religijne. Zdrowie jako wartość związane jest z wartościami witalnymi. W szerokim rozumieniu zdrowia, ujmującym również sferę psychiczną, społeczną i duchową uzasadnione jest umieszczenie go na wyższym stopniu – wśród wartości duchowych [Kunowski 2003, s. 37].

W dyskursie pedagogicznym warto rozróżnić „wartość zdrowie" i „wartość zdrowia" [Kowalski, Gaweł 2006, s. 51]. „Wartość zdrowie" ma swoje źródło w definicji zaproponowanej przez Jana Szczepańskiego, który traktuje je jako zjawiska należące do świata kultury [Szczepański 1970, s. 97–98].

„Wartość zdrowie" to „wypracowana na przestrzeni rozwoju kulturowego koncepcja odnosząca się do różnych form świadomości społecznej" [Kowalski, Gaweł 2006, s. 53]. Ten sposób traktowania zdrowia jako wartości koncentruje się na przypisywaniu mu treści pojęciowych, np. rozróżnienie między zdrowiem a chorobą, ustalenie kryteriów zdrowia. Odnosi się do sfery przekonań, nie celów; nie wpływa zatem w sposób bezpośredni na podejmowanie działań prozdrowotnych przez jednostkę, ale na przykład ma wpływ na regulacje prawne, język, obyczaj, sztukę [Kowalski, Gaweł 2006, s. 53–54].

„Wartość zdrowie" należy rozumieć jako kulturową wartość socjalizowaną. Mechanizmy socjalizacji zdrowia przebiegają według tych samych, jak w przypadku innych wartości, mechanizmów identyfikacyjno-internalizacyjnych. Specyfika nie tkwi w formie socjalizacji, lecz w jej treściach, często odmiennych dla różnych układów społecznych [Modrzewski 2008, s. 20]. Zdrowie ujmowane w kategoriach wartości kulturowej nie odnosi się jedynie do sfery biologicznej, ale wyraża się też w kompetencjach spostrzegania kulturowego wzorca zdrowia [Modrzewski 2008, s. 22]. Do treściowego zakresu „wartości zdrowie" należy m.in. kulturowy wzór akceptowanego społecznie wyglądu ciała jednostki [por. Melosik 1999]. Lansowane przez media wzorce modnego wyglądu skłaniają jednostki do ich naśladowania, identyfikacji, a w konsekwencji podejmowania konkretnych działań (dieta, ćwiczenia fizyczne, maskowanie, poddawanie się innym – często radykalnym, drastycznym – zabiegom, zgodnie z przyjętymi w danej kulturze normami [Modrzewski 2008, s. 23].

O ile „wartość zdrowie" rozpatrywana jest na płaszczyźnie socjokulturowej, dla edukacji zdrowotnej i pedagogiki społecznej ważniejsza wydaje się „wartość zdrowia". Wyraża ona postawę związaną z pożądaniem zdrowia, co sprawia, że jednostka wyznacza sobie cele dotyczące prozdrowotnego stylu życia oraz podejmuje ich realizację. Indywidualna postawa, a zwłaszcza jej komponent behawioralny są ważniejsze niż analiza treści będącej przedmiotem wartości. „Wartość zdrowia" spełnia 2 podstawowe funkcje: motywacyjno-integrującą (odnoszącą się do aktywności własnej, nadającej sens życiu i pozwalającej uporządkować działania) oraz rozstrzygającą (związaną z podejmowaniem wyborów określonych zachowań zdrowotnych zarówno wobec siebie samego, jak i innych) [Kowalski, Gaweł 2006, s. 54].

Z punktu widzenia wychowania istotne wydaje się pytanie o pochodzenie „wartości zdrowia" w systemie wartości dzieci i młodzieży. Nabywanie wartości w koncepcji Rokeacha związane jest z szeroko pojętym procesem socjalizacji. Jednostka internalizuje wartości będące wytworem kultury społeczeństwa, w którym żyje. W miarę nabywania nowych doświadczeń, indywidualnego rozwoju, początkowo niezależne od siebie, stopniowo uwewnętrzniane wartości są scalane w systemy, które mają coraz większe odzwierciedlenie w zachowaniach jednostki [Rokeach 1973, za: Bartel 1996, s. 30]. Doświadczenia wychowawcze stanowią źródło preferencji wartości i sposobów jej realizacji. Są one uświadamianą przez podmiot reprezentacją zdarzeń, w których uczestniczył on wraz z rodzicami (bądź innymi osobami znaczącymi), oddziałującymi przez przekaz informacji oraz stosowanie odpowiednich wzmocnień. Proces socjalizacji wartości odbywa się przez aktywne uczestnictwo w zdarzeniach wychowawczych, pozostawiających w świadomości podmiotu pewien „ślad", który może być aktualizowany i werbalizowany [Bartel 1996, s. 75]. Mechanizmem nabywania wartości w procesie socjalizacji jest modelowanie zachowań. Dotyczy to zarówno zachowań werbalnych, jak i niewerbalnych, ukierunkowanych na dziecko w sposób bezpośredni, a także pośrednio – wyrażaniem przez osoby znaczące stosunku do elementów świata zewnętrznego, w tym także świata wartości [Bartel 1996, s. 74].

Rozumienie zdrowia jako wartości okazuje się szczególnie ważne w promocji zdrowia, ponieważ pozwala wyjaśnić, dlaczego ludzie zdrowi podejmują działania służące do jego utrzymania bądź poprawy. Przypisywanie wartości zdrowiu, którego konsekwencją może być służąca mu aktywność behawioralna, to przykład ogólnej prawidłowości polegającej na dążeniu do wartości pozytywnych. Prawdopodobieństwo zmiany zachowań na prozdrowotne lub utrwalenia korzystnych dla zdrowia zachowań jest większe, jeżeli stanowi ono dla jednostki wartość autoteliczną, tzn. jest ważne i cenione samo w sobie, bez względu na inne wartości. Niektórzy ludzie traktują jednak zdrowie jako wartość instrumentalną, służebną wobec innych wartości, stanowiącą środek do osiągnięcia celów, takich jak posiadanie dzieci, sukcesy zawodowe itp. Traktowanie zdrowia jako wartości instrumentalnej może, zdaniem Ireny Heszen, prowadzić do konfliktu wartości. W takiej sytuacji prawdopodobne są zachowania negatywne dla zdrowia, mimo jego wysokiej pozycji w indywidualnym systemie wartości danej jednostki [Heszen 2007, s. 50].

Z badań nad oceną „wartości zdrowia" przez osoby dorosłe wynika, że aż 72,5% badanych przypisuje zdrowiu najwyższą wartość. Dla 21,6% jest ono ważne, chociaż nie najważniejsze, a tylko 1% badanych nie docenia zdrowia. Autor badań sprawdził, czy zdrowie stanowi dla osób badanych wartość instrumentalną, czy autoteliczną, pytając, dla jakich wartości byliby w stanie je poświęcić. Analiza deklaracji wskazała na niewielką tendencję do instrumentalnego traktowania zdrowia. Irena Heszen, komentując te wyniki, zauważyła jednak, że ta pozytywna tendencja może ulec zmianie. Badania opisywane przez Krzysztofa Puchalskiego przeprowadzone były w 1987 roku – dla współczesnej młodzieży i osób dorosłych zdrowie prawdopodobnie w większym stopniu będzie wartością instrumentalną [Heszen 2007, s. 52; Puchalski 1997, s. 85].

Postrzeganie zdrowia jako wartości nie musi być analizowane w kategoriach naukowego systemu wiedzy psychologicznej, filozoficznej bądź socjologicznej. Dla edukacji zdrowotnej, promocji zdrowia zasadnicze znaczenie może mieć jego potoczna świadomość. Sposób rozumienia zdrowia jako wartości ujawniły wyniki badań Heleny Sęk, w których zastosowano metodę metafory. Badanych poproszono o dokończenie zdania „Zdrowie jest jak...". W wyniku analizy metaforycznych porównań wskazywanych przez respondentów wyodrębniono 7 różnych kategorii treściowych wyobrażeń o zdrowiu. Spośród nich 3 można uznać za sposób postrzegania zdrowia jako wartości wysoko cenionej, będącej dobrem samym w sobie. Dla ponad 8% badanych jest ono wartością niezbędną do życia – jak woda, powietrze, światło, słońce, przestrzeń. Przeszło 14% uczestników badania wskazało skojarzenia świadczące o tym, że zdrowie stanowi dobro wymagające pielęgnacji – jak dorodny owoc, o który trzeba dbać, dar od Boga, który można zaprzepaścić. Prawie 20% respondentów porównywało zdrowie z cenną rzeczą – jak złoto, diament, srebro, szlachetny kamień, dobry samochód, największy skarb [Sęk 1997, s. 36–38]. Takie postrzeganie zdrowia w kategoriach wartości u ponad 40% badanych może sugerować większe prawdopodobieństwo podejmowania zachowań korzystnych dla zdrowia.

3.2. WARTOŚCI A PROZDROWOTNE ZACHOWANIA ŻYWIENIOWE

Dla pedagogów związek między wartościami a zachowaniem ma charakter oczywisty – wartości są regulatorami ludzkich zachowań [Łobocki 2004, s. 25; Denek 2005, s. 121]. Postrzeganie zdrowia jako wartości powinno mieć odzwierciedlenie w prozdrowotnym stylu życia, którego ważnym elementem są korzystne dla zdrowia zachowania związane z odżywianiem.

W niektórych przypadkach zdrowie pozostaje jedynie w sferze wartości deklarowanej (jako coś powszechnie uznawane za bardzo ważne – symbol, warunek szczęścia). Możliwe jest postrzeganie go na poziomie wartości: akceptowanej (wszyscy sądzą, że zdrowie należy szanować); pożądanej (trzeba wykonać jakiś wysiłek, być gotowym poświęcić czas, energię, pieniądze, aby być zdrowym); praktykowanej (wyrażającej się w podejmowanych zachowaniach dla utrzymania i poprawy zdrowia) [Ratajczak 1997, s. 58–59]. Z punktu widzenia edukacji zdrowotnej największe znaczenie ma zdrowie jako wartość praktykowana ze względu na najbliższą relację z behawioralnym wymiarem aktywności zdrowotnej.

Wartości stanowiące predyktory zachowań żywieniowych są socjalizowane już w pierwotnej edukacji żywieniowej. Jednak Jeżewska-Zychowicz nie wymienia wśród nich wartości związanych ze zdrowiem, ale kulturowe i religijne [Jeżewska-Zychowicz 1996, s. 27; Jeżewska-Zychowicz 2007, s. 83].

Postrzeganie przez młodzież zdrowia jako wartości w kontekście prozdrowotnych zachowań żywieniowych analizowała Danuta Żiżka-Salomon. Autorka zwróciła uwagę, że zajmuje ono istotne miejsce w hierarchii wartości badanej populacji. Ponad 71% młodzieży przyznaje, że zdrowie jest cenne. Jednak zdrowe odżywianie jako formę praktykowanych zachowań zdrowotnych deklaruje jedynie 17% respondentów. W wyborach żywieniowych młodzi ludzie częściej kierują się wartościami smakowymi niż odżywczymi posiłków [Żiżka-Salomon 2003, s. 125–128].

W wyniku analizy zachowań zdrowotnych w kontekście wartościowania zdrowia młodzieży zauważono, że prowadzony przez nią zdrowy styl życia (w tym również zachowania żywieniowe) jest warunkowany zarówno indywidualną hierarchią wartości, jak i sytuacyjnie. W przypadku młodzieży mamy do czynienia z mieszanym systemem wartości, nie hierarchicznym. O tym, która z wartości będzie realizowana jako pierwsza, decyduje kontekst sytuacyjny. Dlatego w zachowaniu młodzieży często obserwujemy pewną nieprzewidywalność czynów oraz brak konsekwencji. Z pedagogicznego punktu widzenia interesujące wydaje się również pytanie, czy istnieje kryzys wartości zdrowia wśród młodzieży, czy też raczej kryzys przeżywania wrażliwości na życie i zdrowie człowieka [Zawadzka 2006, s. 41].

Brak jednoznacznych zależności między wartościowaniem zdrowia a podejmowaniem zachowań prozdrowotnych (np. żywieniowych) sugeruje, że są one warunkowane wieloma złożonymi czynnikami. Wartości mogą należeć do uwarunkowań zachowań żywieniowych, jednak trzeba je analizować w kontekście innych czynników, zarówno podmiotowych, jak i środowiskowych.

3.3. PRZEKONANIA ZDROWOTNE ZWIĄZANE Z ODŻYWIANIEM

W psychologii zdrowia przekonania zdrowotne traktowane są jako ważny element świadomości zdrowotnej, pozwalają na rozróżnienie zdrowia subiektywnego od obiektywnego. Ważnym czynnikiem decydującym o ostatecznym kształcie indywidualnych przekonań zdrowotnych jest własna aktywność poznawcza jednostki [Heszen, Sęk 2007, s. 107–108]. Przekonania, podobnie jak wartości, stanowią składniki światopoglądu i są kształtowane przez całe życie przez wpływy społeczne. Diagnozą przekonań społecznych zajmuje się pedagogika społeczna, zaś przekonania zdrowotne znajdują się w obszarze zainteresowań edukacji zdrowotnej i promocji zdrowia [Kropińska 2000, s. 250–151]. Przekonania zdrowotne często są omawiane łączne z postawami. Należy jednak rozróżnić przekonania, w których decydujące znaczenie ma komponent poznawczy od postaw, w których kładzie się główny nacisk na element behawioralny [Kropińska 2000, s. 129–130].

Nawiązując do encyklopedycznej definicji przekonań, warto wyróżnić: opisowe, wartościujące i normatywne [Kowalski, Gaweł 2006, s. 129]. Przykładem przekonań opisowych związanych ze zdrowym odżywianiem jest twierdzenie: „Zdrowe jest mleko". Przekonania wartościujące to hierarchicznie uporządkowane układy wartości – miejsce zdrowia w systemie wartości będzie przejawem przekonań wartościujących związanych ze zdrowym odżywianiem. Przykładem przekonań normatywnych będą sądy na temat postrzeganych czynników kształtujących zachowania żywieniowe, np.: „Na sposób odżywiania mają wpływ wzorce wyniesione z domu".

Ciekawe narzędzie do badania przekonań dotyczących zdrowego odżywiania stanowi „Kwestionariusz przekonań zdrowotnych na temat diety" [Jacennik 2008, s. 223–225]. Zawiera on 10 par zdjęć produktów żywnościowych. Badane dzieci mają ocenić, który produkt z każdej pary jest zdrowszy. Przekonania zdrowotne związane ze zdrowym odżywianiem stanowią tu rodzaj sądów dotyczących artykułów żywnościowych „mających bardziej lub mniej widoczny związek z problemem zdrowia" [Kropińska 2000, s. 128]. Z punktu widzenia psychologii zdrowia ten rodzaj przekonań zdrowotnych można uznać za „przekonania dotyczące możliwości wpływania na własne zdrowie". Są one analizowane m.in. w kontekście Teorii Społecznego Uczenia się Juliana Rottera oraz Teorii Społeczno-Poznawczej Alberta Bandury [Heszen, Sęk 2007, s. 113], a także Modelu Przekonań Zdrowotnych i Teorii Planowanego Zachowania [Heszen, Sęk 2007, s. 123–126].

Analizując elementy Teorii Planowanego Zachowania, można odnieść wrażenie, że przekonania pełnią kluczową rolę jako predyktory zachowań zdrowotnych, w tym również tych związanych ze zdrowym odżywianiem. Obok przekonań dotyczących (prozdrowotnego) wyniku zachowania (związanego ze sposobem odżywiania) w modelu tym występują również przekonania normatywne odzwierciedlające „kontekst wpływu społecznego i społecznej presji na wykonanie zachowania" [Heszen, Sęk 2007, s. 127]. Mogą one dotyczyć spostrzeganych czynników społecznych warunkujących zachowania żywieniowe. Trzecia grupa przekonań zdrowotnych związana jest z elementem Teorii Planowanego Zachowania, określanym jako spostrzegana kontrola behawioralna, czyli ocena łatwości lub trudności wykonania zachowania. W przypadku zachowań żywieniowych przekonania mogą dotyczyć oceny możliwości podjęcia trudu związanego ze zmianą sposobu odżywiania na bardziej korzystny dla zdrowia w celu osiągnięcia zamierzonego efektu zdrowotnego (np. obniżenie masy ciała bez efektu jo-jo, poprawa parametrów zdrowotnych mających odzwierciedlenie w wynikach badań laboratoryjnych itp.).

Warto zauważyć, że zgodnie z Teorią Planowanego Zachowania przekonania zdrowotne nie mają bezpośredniego wpływu na zachowania żywieniowe. Stanowią jedynie jeden z czynników powstania intencji behawioralnej. Badania prowadzone na grupie dorosłych kobiet wykazały również, że „udział wiedzy żywieniowej w kształtowaniu zachowań żywieniowych jest stosunkowo niski" [Jeżewska-Zychowicz 1996, s. 66]. Zdarza się również, że osoby mające wiedzę na temat zdrowego odżywiania świadomie postępują niewłaściwie [por. Gutowska, Ozimek 2005]. Z badań prowadzonych w ramach projektu HELENA wynika, że zależność między wiedzą żywieniową a zachowaniami młodzieży nie jest taka oczywista. Uczestnicy badania byli świadomi wpływu sposobu odżywiania na zdrowie, a jako przeszkody w wyborze prozdrowotnego sposobu żywienia wskazywali, że zdrowa żywność jest nudna, nie smakuje dobrze, nie daje szybko poczucia sytości, a przygotowanie takich posiłków zajmuje zbyt dużo czasu i jest kosztowne. Podstawowy wniosek, który wypływa z analizy badań dla potrzeb edukacji żywieniowej to stwierdzenie, że młodzi ludzie mają wiedzę teoretyczną na temat zależności między sposobem żywienia a stanem zdrowia. Jednak wiedza ta nie jest wdrażana w praktyce, co powinno stać się celem programów edukacyjnych [Gilbert i in. 2007].

Podobne wnioski wynikają z analizy badań prowadzonych w Stanach Zjednoczonych, gdzie zauważono, że przekonania i postawy związane z prozdrowotnym sposobem odżywiania nie przekładają się na podejmowanie wynikających z nich zachowań młodzieży. Nastolatkowie twierdzą, że zajmą się zdrowym odżywianiem, ale... w przyszłości [Story 2002 i in., s. 42–43].

Analiza wyników badań nad przekonaniami zdrowotnymi uczniów szkoły podstawowej i gimnazjum wykazała, że wiedza na temat zdrowego żywienia ma charakter deklaratywny i nie zawsze pokrywa się z zachowaniami żywieniowymi [Jacennik 2008, s. 131–132]. Jednak dzieci trafniej rozpoznające zdrową żywność deklarowały rzadsze spożywanie słodyczy i fast foodów. Ponadto dostrzeżono zależność między postawą rodziców wobec żywności a zachowaniami żywieniowymi ich dzieci [Jacennik 2008, s. 136–137].

Przekonania na temat zdrowego odżywiania, podobnie jak wartościowanie zdrowia, nie wykazują jednoznacznej zależności z podejmowaniem przez młodzież prozdrowotnych zachowań żywieniowych. Spostrzeżenie to skłania do refleksji nad czynnikami społecznymi przekonań i wartości związanych ze zdrowym odżywianiem, jak również socjokulturowymi uwarunkowaniami zachowań żywieniowych. Same czynniki podmiotowe nie wyjaśniają zachowań żywieniowych w sposób wystarczający.

3.4. SPOŁECZNE UWARUNKOWANIA WARTOŚCI, PRZEKONAŃ ZDROWOTNYCH I ZACHOWAŃ ŻYWIENIOWYCH

Podstawowym czynnikiem prozdrowotnych zachowań żywieniowych są indywidualne preferencje konsumentów. Instytut Europejskich Badań nad Żywnością (Institute of European Food Studies) przeprowadził wśród 14,5 tysiąca konsumentów badania dotyczące ich postaw, przekonań i zachowań odnośnie do żywności i zdrowia. Wśród czynników wskazywanych przez respondentów we wszystkich krajach na pierwszym miejscu znalazła się wysoka jakość żywności. Kolejne pozycje zajmowały cena oraz smak. Około 1/3 badanych wytypowało na jednym z trzech pierwszych miejsc chęć zdrowego jedzenia. Dalsze miejsca zajmowały preferencje żywieniowe członków rodziny, chęć odchudzania się, opakowanie żywności itp. 71% uważało, że nie musi dokonywać jakichkolwiek zmian w sposobie żywienia. Podstawowym wnioskiem, który wysunęli autorzy badań na podstawie ich szczegółowej analizy, było stwierdzenie dużej zmienności poglądów i nastawień wobec sposobu odżywiania się w poszczególnych państwach europejskich. Różnice kulturowe sprawiają, że trudno o opracowanie i wdrożenie jednolitych programów edukacji żywieniowej. Prawdopodobnie należy opracować programy lokalne nakierowane na specyficzne subpopulacje [Food Today 1998].

Znaczenie czynników socjokulturowych w podejmowaniu zachowań żywieniowych dostrzegalne jest w badaniach nad zależnością pomiędzy preferencjami, potrzebami a zachowaniami żywieniowymi. Wykazano m.in. znaczenie czynnika ekonomicznego – Europejczycy z grup o niskim dochodzie (statusie społecznym) odżywiają się w sposób źle zbilansowany, m.in. spożywając bardzo mało owoców i warzyw [De Irala-Estevez i in. 2000, s. 706–714]. Wśród czynników utrudniających zdrowe odżywianie w grupach o niskim statusie społecznym 3 najważniejsze to koszt, dostępność i wiedza o zdrowym żywieniu [Dibsdall i in. 2003, s. 159–168]. Z badań prowadzonych w Polsce przez Pentor na zlecenie Unilever wynika, że w naszym kraju ważnym czynnikiem różnicującym relacje między preferencjami a zachowaniami żywieniowymi jest tradycja. Kultura kulinarna traktowana jest przez Polaków jako część tożsamości narodowej. Dla 41% badanych potrawami, które odpowiadają najbardziej im gustom są te przygotowane według przepisów kuchni polskiej. Okazjonalnie zdarzają się sytuacje spożywania nielubianej żywności (m.in. z powodów natury kulturowej), np. podczas wspólnych posiłków, gdy nie wypada odmówić gospodarzom [za: Jeżewska-Zychowicz 2009, s. 31].

Relacje między różnymi determinantami zachowań żywieniowych analizowała Izabela Cichocka. Na podstawie literatury skonstruowała własny model uwarunkowań zachowań żywieniowych obejmujący 4 grupy czynników: osobowościowe (podatność na wpływy marketingowe i wiedza żywieniowa); przekonania (troska o własne zdrowie i poczucie zdrowotności stosowanej diety); zdolność dostrzegania ryzyka (poczucie zagrożenia ze strony żywności i poczucie zagrożenia ze strony sposobu odżywiania się); innowacyjność (neofobia żywieniowa) [Cichocka 2009, s. 216]. Każdą z 7 cech psychograficznych określiła na skali Likerta na podstawie wskaźników zaczerpniętych z literatury przedmiotu. Badaniem objęto grupę 717 dorosłych mieszkańców województw: małopolskiego, podkarpackiego i świętokrzyskiego. Analiza uwarunkowań zachowań żywieniowych metodą skalowania wielowymiarowego pozwoliła na sformułowanie następujących wniosków:

1. Wśród cech osobowościowych podatność na wpływy marketingowe stanowi zmienną wyróżniającą osoby o niskim statusie społecznym, natomiast wiedzą żywieniową wyróżniają się osoby młode oraz o wysokim statusie społecznym.
2. W kategorii przekonań poczucie zdrowotności stosowanej diety charakteryzuje osoby w średnim wieku.
3. Zdolność dostrzegania ryzyka (rozumiana zarówno jako poczucie zagrożenia ze strony żywności, jak i poczucie zagrożenia ze strony sposobu odżywiania się) cechuje osoby o niskim statusie społecznym.
4. Neofobia żywieniowa, będąca wyznacznikiem braku innowacyjności, jest cechą charakterystyczną dla kobiet [Cichocka 2009, s. 221].

Analiza literatury przeprowadzona przez Silke Bratsch [2006, s. 65] pozwoliła natomiast na wyodrębnienie następujących uwarunkowań zachowań żywieniowych: wiek, płeć, status społeczny, styl życia, doświadczenia życiowe (biografia).

W okresie dojrzewania młody człowiek znajduje się w fazie przejściowej rozwoju biologicznego, psychicznego i społecznego – między dzieciństwem a dorosłością. Ważnym elementem tej fazy jest poszukiwanie własnej tożsamości pod wpływem oddziaływania rodziny, grupy rówieśniczej, szkoły, mediów jako socjalizacyjnych „agentów". Tu młodzież poszukuje modeli, dzięki którym poznaje zasady, nabywa wiedzę i umiejętności, kształtuje postawy – również te, związane ze świadomym odżywianiem [Bratsch 2006, s. 65]. Kształtowanie zachowań żywieniowych to jeden z aspektów procesu socjalizacji, którego celem jest internalizacja norm oraz postaw związanych z prawidłowym odżywianiem się. Opierając się na modelu społeczno-poznawczym, amerykańscy badacze opracowali koncepcyjny model wskazujący 4 poziomy czynników wpływających na zachowania żywieniowe młodzieży w wieku dojrzewania. Zwrócono szczególną uwagę na znaczenie uwarunkowań socjokulturowych, przypisując im 3 poziomy wpływów, 1 poziom pozostawiając dla czynników intrapersonalnych:

1. Wpływy intrapersonalne: biologiczne (np. płeć, odczuwanie głodu) i psychologiczne (preferencje żywieniowe, smak i sensoryczna percepcja żywności, przypisywana wartość odżywcza i zdrowotna, symboliczne i funkcjonalne sposoby myślenia o jedzeniu i żywności, samoskuteczność, wiedza). Do czynników podmiotowych (intrapsychicznych) można zaliczyć też, zdaniem autorki, styl życia młodzieży rozumiany jako indywidualna postawa wobec czasu i wygody przygotowania posiłku, częstości spożywanych posiłków, diet, subiektywnie postrzeganej ceny produktów żywnościowych oraz rodzaju motywacji do prozdrowotnego sposobu odżywiania się.
2. Wpływy środowiska społecznego, wśród których wyróżnić można cechy demograficzne rodziny (samotne rodzicielstwo, zatrudnienie matek, dochody rodziny), wspólne spożywanie posiłków, dostępność produktów spożywczych w domu. Oprócz rodziny ważnym czynnikiem środowiska społecznego jest grupa rówieśnicza, a w szczególności normy społeczne związane ze sposobem odżywiania się.
3. Wpływy fizycznego otoczenia młodzieży, w szczególności związanego z jedzeniem. Najważniejszym miejscem, w którym młodzież nie tylko spędza dużo czasu, ale także spożywa codziennie posiłki, jest szkoła. Sklepiki szkolne, automaty ze słodyczami i napojami, a także cukiernie, ciastkarnie, sklepy spożywcze i fast foody stanowią ważny czynnik zachowań żywieniowych. Problem ten podkreślają również polscy autorzy badań: Artur Mazur zwraca uwagę, że wiele negatywnych wpływów związanych z negatywnym oddziaływaniem fizycznego otoczenia szkoły na wybory żywieniowe dzieci i młodzieży dotyczy również polskiej rzeczywistości. Reklamy produktów żywnościowych widoczne są w budynkach szkolnych. Koncerny produkujące m.in. produkty uznawane jako niekorzystne dla zdrowia uczniów są sponsorami szkolnych zawodów sportowych. Artykuły spożywcze są reklamowane na szkolnych zeszytach, materiałach biurowych, a nawet lekturach szkolnych. Asortyment szkolnych sklepików stanowią w głównej mierze produkty typu *fast food*, słodycze, słodkie napoje. I nawet gdy uczniowie mają wybór zakupu w nich potencjalnie zdrowych produktów, wybierają je bardzo rzadko [Mazur 2009, s. 131–132].
4. Makrosystemowe wpływy społeczne związane z oddziaływaniem mediów, normami społecznymi i kulturowymi, produkcją i dystrybucją, dostępnością, reklamą żywności. Wpływy makrosystemowe w koncepcji Jeżewskiej-Zychowicz nazwane zostały dalszym otoczeniem jednostki [Jeżewska-Zychowicz 2005, s. 45–46]. Stanowią je osoby i grupy społeczne, z którymi jednostka nie utrzymuje regularnych kontaktów. Oddziaływanie dalszego otoczenia ma miejsce przez kontakty pośrednie, nierzadko odpersonalizowane, np.

za pomocą mass mediów lub przekazu kulturowego [por. Story i in. 2002, s. 40–51].

Analizowane z perspektywy różnych dziedzin społeczno-kulturowe uwarunkowania zachowań żywieniowych dzieci i młodzieży wykazują duże zróżnicowanie związane z przyjęciem koncepcji badań. Niektórzy autorzy podkreślają znaczenie reklamy i mediów [Kołłajtis-Dołowy 2010; Mazur 2009; Januszewicz 2009], inni w większym stopniu koncentrują się na wpływach społecznych rodziny, szkoły, grupy rówieśniczej [Jeżewska-Zychowicz 2005; Jacennik 2008]. Szczególnie interesujące wydają się doniesienia badawcze zagranicznych autorów, ponieważ ukazują zróżnicowanie czynników kształtujących zachowania związane z odżywianiem w różnych krajach, wynikające z tradycji żywieniowych, funkcjonowania rodziny, grup rówieśniczych, sytuacji ekonomicznej, polityki edukacyjnej i zdrowotnej. Z badań wynika, że czynniki społeczno-kulturowe w większym stopniu wyjaśniają zachowania żywieniowe młodzieży niż czynniki podmiotowe, takie jak świadomość żywieniowa, przekonania na temat zdrowego odżywiania czy system wartości uwzględniający stosunek do zdrowia. Duża wiedza na temat zdrowego stylu życia, w tym również prawidłowego odżywiania, a także wysoka pozycja zdrowia w hierarchii wartości nie znajduje odzwierciedlenia w korzystnych dla zdrowia zachowaniach. Młodzież wie, jak należy dbać o zdrowie, potrafi odróżnić produkty „zdrowe" od „niezdrowych", nie oznacza to jednak podejmowania zachowań związanych z właściwym odżywianiem czy aktywnością fizyczną.

Uwzględnianie w dotychchczasowych badaniach tylko niektórych społecznych uwarunkowań zdrowego sposobu odżywiania, wynikające z podejścia socjologicznego, dietetycznego lub ekonomiczno-marketingowego oraz brak jednoznacznych zależności między zachowaniami żywieniowymi a potencjalnymi czynnikami podmiotowymi uzasadnia konieczność podjęcia badań pedagogicznych dotyczących złożonych uwarunkowań sposobu odżywiania się młodzieży. Ich celem powinna być nie tylko diagnoza podmiotowych i socjokulturowych czynników zachowań żywieniowych, ale także propozycja strategii działań edukacyjnych, związanych z kształtowaniem prawidłowych nawyków żywieniowych, a także oddziaływaniem na różne czynniki warunkujące te zachowania.

Rozdział IV
Metodologiczne podstawy badań

4.1. CEL I PRZEDMIOT BADAŃ

Przedmiotem badań własnych była próba jakościowej oceny zachowań żywieniowych młodzieży z punktu widzenia pedagogiki zdrowia. Zainteresowanie zachowaniami żywieniowymi w teorii i praktyce pedagogicznej wykracza poza pedagogikę zdrowia i edukację zdrowotną. Sposób odżywiania się ma wpływ nie tylko na zdrowie i rozwój fizyczny, ale także na rozwój społeczny, psychiczny i intelektualny, w tym również funkcjonowanie w roli ucznia, studenta. Dyskusje wśród pedagogów może wzbudzać traktowanie jedzenia (np. słodyczy) jako wzmocnienia pozytywnych zachowań, środka wychowawczego w procesie nagradzania. Interesującym dla pedagogów zjawiskiem może być postrzeganie przez dzieci i młodzież zachowań związanych z jedzeniem jako wyznacznika statusu społecznego, pozycji w grupie rówieśniczej. Spędzanie czasu wolnego w McDonaldzie, kupowanie produktów żywnościowych w sklepiku szkolnym czy automacie może sprzyjać wysokiej pozycji socjometrycznej. Brak pieniędzy na przyjemności związane z jedzeniem może być powodem odrzucenia. Wspólne spożywanie posiłku w gronie rodzinnym sprzyja zacieśnieniu więzi, jest okazją do rozmów, podtrzymania rodzinnych tradycji.

Wprawdzie badania zachowań żywieniowych młodzieży były w Polsce prowadzone m.in. w ramach międzynarodowego projektu HBSC, nie uwzględniały jednak analizy złożonych ich uwarunkowań, jak np. przekonania na temat prozdrowotnego znaczenia różnych diet, wpływu społecznego rodziny, grupy rówieśniczej oraz mediów, wartościowania zdrowia przez młodych ludzi. Przyjęto założenie, że zachowania żywieniowe to nie tylko zachowania konsumpcyjne związane z wyborem, kupnem i spożywaniem żywności, ale uwarunkowane czynnikami podmiotowymi i socjokulturowymi zachowania związane z oceną żywności z punktu widzenia zdrowia, stosowaniem diet, oceną własnego wyglądu w kategoriach „zbyt szczupły", „zbyt gruby", „prawidłowa masa ciała". Duże znaczenie dla zachowań żywieniowych mogą mieć postrzegane normy kulturowe związane ze sposobem odżywiania się, ukształtowane biografią jednostki np. przez wzorce wyniesione z domu czy etykietę „niejadka" nadaną przez dorosłych członków rodziny w dzieciństwie.

Istotnym predyktorem zachowań żywieniowych rozumianych jako kategoria zachowań zdrowotnych może być miejsce, „wartości zdrowia" w hierarchii wartości badanej młodzieży. Hierarchia wartości, podobnie jak hierarchia potrzeb, w istotny sposób może wyjaśniać zachowania młodzieży, w tym te związane z odżywianiem. Ze względu na strukturę „ja", wartości można podzielić na osobiste, czyli takie, które odnoszą się do własnej osoby oraz pozaosobiste, niedotyczące własnej osoby. Ciągle są to wartości jakiejś osoby, ponieważ są przez nią cenione i pożądane [Brzozowski 2007, s. 114]. Z uwagi na fakt, że wartości nabywane są w procesie socjalizacji, oprócz ustalenia hierarchii wartości osobistych badanej młodzieży podjęto również próbę zdiagnozowania systemu wartości w percepcji badanej młodzieży w grupach odniesienia, przez wybór i ocenę wartości w rodzinie pochodzenia i grupie rówieśniczej.

Celem badań było ustalenie zależności między zachowaniami żywieniowymi młodzieży ocenianymi z punktu widzenia zdrowia a wybranymi czynnikami podmiotowymi i socjokulturowymi. Podstawą do podjęcia badań stały się założenia wynikające z Teorii Uzasadnionego Działania/Planowanego Zachowania I. Ajzena. Elementom tej teorii zostały przypisane zmienne odnoszące się do zachowań żywieniowych i ich uwarunkowań. Za zmienne niezależne przyjęto zmienne demograficzne: wiek (gimnazjaliści/studenci) oraz płeć badanych. Zmienne zależne stanowiły zaś czynniki związane z zachowaniami żywieniowymi przypisane elementom Teorii Uzasadnionego Działania/Planowanego Zachowania. Teoria Planowanego Zachowania jest nowszą wersją Teorii Uzasadnionego Działania wzbogaconą o czynnik „spostrzeganej kontroli behawioralnej". Pojęcie to odnosi się do spostrzeganej łatwości lub trudności realizacji zachowania [Heszen, Sęk 2007, s. 127]. W odniesieniu do zachowań żywieniowych czynnik ten związany jest z oceną własnej skuteczności wobec względnie trwałej zmiany własnych zachowań żywieniowych na bardziej prozdrowotne. Warunkiem spostrzeganej kontroli zachowań związanych z odżywianiem są umiejętności życiowe, „które pozwalają jednostce efektywnie radzić sobie z zadaniami i wyzwaniami codziennego życia" [Woynarowska 2007, s. 444]. Utrwalaniu prawidłowych nawyków żywieniowych sprzyjają takie umiejętności życiowe, jak: asertywność, samoocena, rozumienie różnych norm społecznych, przewidywanie konsekwencji własnych działań i zachowań, samokontrola itp. [por. Woynarowska 2007, s. 445]. Kształtowanie umiejętności życiowych to jedno z najważniejszych zadań edukacji zdrowotnej, w tym również edukacji żywieniowej.

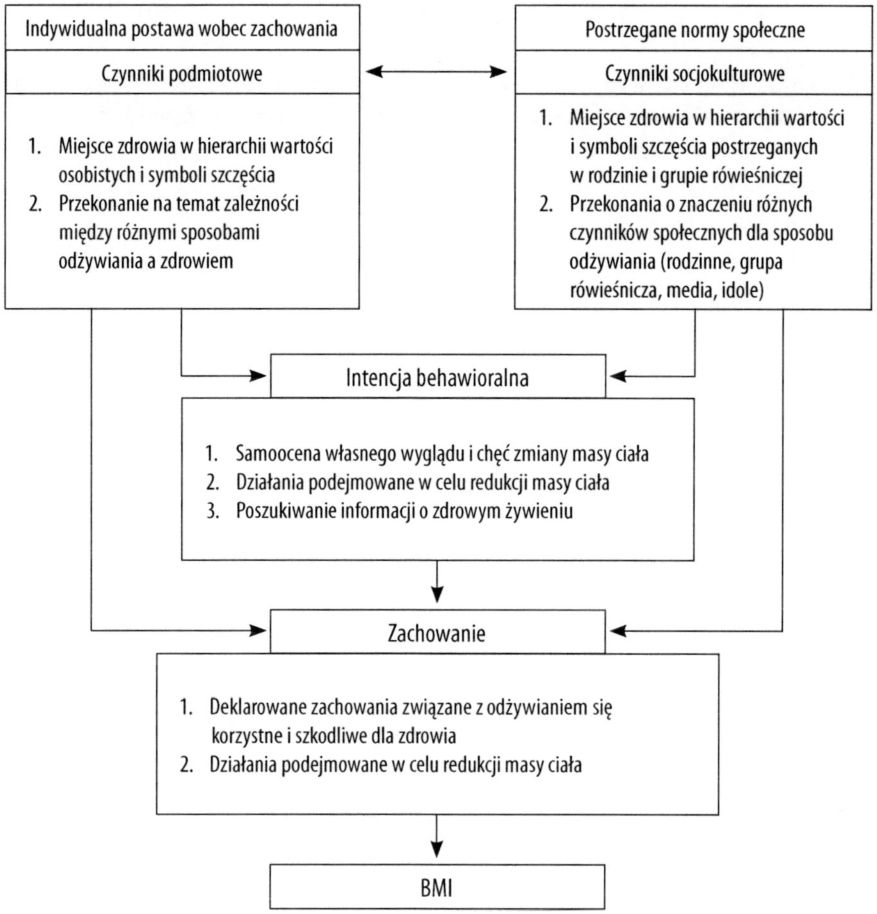

Rys. 7. Analiza uwarunkowań zachowań żywieniowych w kontekście Teorii Uzasadnionego Działania/Planowanego Zachowania Isaaca Ajzena

Źródło: Opracowanie własne.

Postawiono następujące pytania – problemy badawcze:

1. Jaka jest samoocena własnego wyglądu młodzieży oraz chęć zmiany masy ciała?
2. Jakie działania podejmuje młodzież w celu redukcji wagi?
3. W jaki sposób osoby badane poszerzają swoją wiedzę żywieniową?

Pytania 1–3 sformułowano w celu poznania **intencji podejmowania nowych lub zmiany dotychczasowych zachowań żywieniowych** (por. rys. 7). Interesująca jest również adekwatność oceny masy ciała wobec kryterium, jakim jest BMI. Konsekwencją niezadowolenia z własnego wyglądu będzie gotowość do podejmowania działań związanych z redukcją masy ciała (eksperymentowanie z dietami, odchudzanie się). Gotowość zmiany sposobu odżywiania młodzieży może być powodowana nie tylko bardziej lub mniej adekwatną oceną własnego wyglądu, lecz również wiedzą na temat prawidłowego odżywiania się. Ciekawym zagadnieniem jest nie tylko poziom wiedzy żywieniowej, ale także chęć jej pozyskiwania z różnorodnych pozaszkolnych źródeł w sytuacji marginalizacji szkolnej edukacji żywieniowej. Z punktu widzenia pedagoga interesująca jest kwestia ciekawości poznawczej młodzieży, w sytuacji gdy wiedza żywieniowa nie jest objęta obowiązkowym programem szkolnym, a wysiłek wkładany w jej pozyskiwanie motywowany jest wewnętrznie.

4. Jakie jest miejsce zdrowia w hierarchii wartości młodzieży?
5. Jakie są przekonania młodzieży na temat relacji między odżywianiem się a zdrowiem?

Pytania 4–5 odnoszące się do wartości i przekonań dotyczą **podmiotowych uwarunkowań zachowań żywieniowych.** Problemy te akcentują umiejscowienie zachowań żywieniowych w kontekście pedagogiki zdrowia i zachowań zdrowotnych. Przekonania są wskaźnikiem wiedzy żywieniowej, która może być ważnym czynnikiem podejmowania różnych zachowań związanych z odżywianiem się. Szczególnie interesująca wydaje się analiza zależności między postrzeganiem zdrowia jako wartości a prawidłowymi z punktu widzenia zdrowia zachowaniami żywieniowymi.

6. Jaka jest zależność między postrzeganiem przez młodzież społecznych uwarunkowań sposobów odżywiania a deklarowanymi zachowaniami żywieniowymi?

Pytanie 6 jest próbą wyodrębnienia **czynników socjokulturowych leżących u podstaw zachowań związanych z odżywianiem się,** ocenianych z punktu widzenia zdrowia. Dla podjęcia konkretnych działań w edukacji żywieniowej jako dziedzinie edukacji zdrowotnej ważne jest wskazanie, które spośród opisywanych w literaturze społecznych uwarunkowań zachowań żywieniowych (np. wzorce rodzinne, rówieśnicy, media, idole młodzieży itp.) w największym stopniu przyczyniają się do podejmowania korzystnych i niekorzystnych dla zdrowia zachowań związanych z odżywianiem. Ponadto, z uwagi na fakt umiejscowienia zachowań żywieniowych w kontekście zachowań zdrowotnych, wpływ społeczny w dziedzinie zachowań żywieniowych nie odnosi się tylko do zachowań związanych z odżywianiem się, ale również do postrzegania zdrowia jako wartości. Socjalizacja „wartości zdrowie" może być traktowana jako jeden z czynników podejmowania prozdrowotnych zachowań żywieniowych.

Warto zaznaczyć, że zastosowane metody, techniki i narzędzia badawcze pozwalają wnioskować o zachowaniach żywieniowych osób badanych jedynie w sposób pośredni. Zachowania żywieniowe nie były diagnozowane przez bezpośrednią obserwację, ale za pomocą odpowiedzi respondentów na pytania kwestionariuszowe. Wiele pytań dotyczyło nie tyle zachowań, co sfery przekonań na temat własnych zachowań żywieniowych i ich uwarunkowań, bowiem stanowią one ważny ich czynnik. Liczne modele zachowań żywieniowych, również te, które traktują je jako zachowania związane ze zdrowiem, akcentują znaczenie przekonań.

Analiza przekonań związanych z odżywianiem wydaje się istotna z punktu widzenia pedagogiki. Są one bowiem składnikiem światopoglądu i kształtują się od samego początku, a potem przez całe życie przez wpływy społeczne [Kropińska 2000, s. 250]. Takie założenie jest ważne nie tylko dla badań w obszarze pedagogiki społecznej i pedagogiki zdrowia, ale również dla praktyki edukacyjnej – w tym edukacji żywieniowej. Pierwotna edukacja żywieniowa w rodzinie i prowadzona w tym zakresie edukacja w szkole oraz edukacja medialna przyczyniają się do kształtowania przekonań na temat odżywiania się.

4.2. METODA I TECHNIKI BADAWCZE

W badaniach zastosowano metodę sondażu diagnostycznego, który jest „sposobem gromadzenia wiedzy o atrybutach strukturalnych i funkcjonalnych oraz dynamice zjawisk społecznych, opiniach i poglądach badanych zbiorowości, nasilaniu się i kierunkach rozwoju badanych zjawisk i wszelkich innych zjawiskach instytucjonalnie niezlokalizowanych – posiadających znaczenie wychowawcze – w oparciu o specjalnie dobraną grupę reprezentującą populację generalną, w której badane zjawisko występuje" [Pilch, Bauman 2001, s. 80].

Przeprowadzone badania pozwoliły na dokonanie analizy zachowań żywieniowych z punktu widzenia ich znaczenia dla zdrowia badanej młodzieży. Ustalono również przekonania młodzieży na temat znaczenia dla zdrowia różnych sposobów odżywiania. Wśród czynników podmiotowych kształtujących zachowania żywieniowe obok przekonań analizowano również wartości osobiste badanych, w obrębie których zwrócono uwagę na miejsce zdrowia w indywidualnym systemie wartości. Zdiagnozowano poglądy respondentów na temat czynników kształtujących zachowania żywieniowe ze szczególnym uwzględnieniem uwarunkowań socjokulturowych.

W badaniach wykorzystano następujące techniki badawcze: autorski kwestionariusz ankiety „Co jem i dlaczego?" oraz Listę Wartości Osobistych (LWO) w opracowaniu Zygfryda Juczyńskiego.

Autorski kwestionariusz „Co jem i dlaczego?" składa się z 38 twierdzeń, do których badani mieli się ustosunkować, zaznaczając jedną z 5 odpowiedzi na 5-stopniowej skali szacunkowej (tak, raczej tak, trudno powiedzieć, nie, raczej nie).Twierdzenia 1–17 dotyczyły zachowań żywieniowych osób badanych, 18–30 miały na celu zdiagnozowanie przekonań respondentów na temat zależności sposobu odżywiania od różnych czynników społeczno-kulturowych. Ostatnich 8 twierdzeń to próba sprawdzenia sądów na temat prozdrowotnych właściwości określonych sposobów odżywiania się (diet). Jakościowe warianty odpowiedzi zostały zamienione na liczby, a tym samym zmienne podniesiono do poziomu zmiennych porządkowych [Rubacha 2008, s. 176]. W kwestionariuszu dodatkowo poproszono o podanie ciężaru i wysokości ciała dla obliczenia BMI, którego wartość stanowi wskaźnik zdrowia związany ze sposobem odżywiania się. Wskaźnik BMI wysoko koreluje z zawartością tłuszczów w organizmie, a w mniejszym niż inne wskaźniki z wysokością ciała, dlatego jest zalecany przez WHO do oceny stanu odżywiania energetyczno-białkowego. Na podstawie wartości BMI można w przybliżeniu określić zawartość tkanki tłuszczowej w organizmie i stwierdzić, czy dana osoba ma jej za mało (jest niedożywiona), czy też zbyt dużo (co świadczy o nadwadze lub otyłości). W przypadku dzieci i młodzieży wskaźnik BMI jest zależny od wieku i płci, a nawet regionu zamieszkania, a wynik ocenia się na podstawie tablic lub siatek centylowych [Charzewska, Chabros 2008, s. 210–211]. Ostateczna wersja kwestionariusza została skorygowana po przeprowadzeniu badań pilotażowych.

Lista Wartości Osobistych jest narzędziem samoopisu składającym się z 2 części. Pierwsza zawiera opis 9 symboli szczęścia, wyrażających różnorodne formy aktualizacji wartości ludzkich [Juczyński 2001 s. 131]. Symbole szczęścia traktowane są jako wartości normatywne, postrzegane przez jednostkę elementy kultury, uznawane jako społecznie ważne, leżące u podstaw zasad i norm postępowania człowieka [Juczyński 2001, s. 128–129]. W drugiej części wyróżniono 10 kategorii wartości osobistych, wśród których znajduje się „dobre zdrowie, sprawność fizyczna i psychiczna". Wartości osobiste nabywane są przez młodzież w procesie socjalizacji. Młody człowiek wybiera pewne wartości, uznaje je za własne, przetwarza i pomnaża, co wyraża się w jego zachowaniu i działaniu. Uczestnicy badania dokonują oceny względnej „wartości zdrowia" przez porównanie jej z innymi wartościami. Taka procedura nawiązuje do pomiaru wartości Rokeacha oraz lepiej wyjaśnia zachowania profilaktyczne młodzieży niż ogólny wskaźnik „wartości zdrowia" (Juczyński 2001, s. 128, 131). Badania z wykorzystaniem Listy Wartości Osobistych pozwalają na analizowanie zmian w wartościowaniu zdrowia w wyniku edukacji zdrowotnej, działań promujących zdrowie, modyfikacji zachowań zdrowotnych itp.

Biorąc pod uwagę założenie, że wartości osobiste, w tym również zdrowie jako wartość kształtują się w procesie socjalizacji pod wpływem osób znaczących i najważniejszych grup odniesienia, dokonano również pomiaru symboli szczęścia i wartości osobistych w rodzinie pochodzenia i grupie rówieśniczej. Używając kategorii zastosowanych w LWO, badana młodzież miała za zadanie ocenić miejsce zdrowia wśród symboli szczęścia i wartości osobistych w rodzinie i grupie rówieśniczej. Warto podkreślić, że uzyskane w ten sposób dane są wartościami postrzeganymi przez badaną młodzież. Można jednak przypuszczać, że mogą być one spójne z wartościami osobistymi członków rodzin i bliskich rówieśników badanej młodzieży.

4.3. SPOSOBY ANALIZY I INTERPRETACJI DANYCH

W badaniach zastosowano schemat quasi-eksperymentalny, w którym czynności badacza nastawione są na oszacowanie zależności między zmienną losową a zmienną ustaloną, której warianty odnoszą się do dwóch lub więcej niezależnych populacji [Rubacha 2008, s. 358–359]. W analizowanych badaniach zmienną ustaloną był wiek, poziom edukacji młodzieży (uczniowie gimnazjum, studenci). Analizy danych dokonano z wykorzystaniem pakietu statystycznego SPSS for Windows, wersja 14.0. Przeprowadzono je na podstawie testu istotności różnic Manna-Witneya, testu chi-kwadrat Pearsona, korelacji Tau-b Kendalla, korelacji rang Spearmana, nieparametrycznej analizy wariancji dla prób zależnych, nieparametrycznej analizy wariancji (test H Kruskala-Wallisa) [Górniak, Wachnicki 2008, s. 138–141, 150–163, 169–176].

4.4. CHARAKTERYSTYKA BADANEJ GRUPY

Badania przeprowadzono w dwóch grupach porównawczych: pierwszą stanowili uczniowie gimnazjum województwa lubelskiego, drugą studenci UMCS – przyszli pedagodzy i nauczyciele.

Grupa gimnazjalistów to uczniowie rozpoczynający naukę w klasie III z województwa lubelskiego (badanie przeprowadzono we wrześniu 2010 roku). Do badań wytypowano uczniów z 7 klas reprezentujących różne gimnazja, w tym 2 szkoły lubelskie, 2 gimnazja wiejskie, 2 gimnazja w małym mieście i 1 w średnim mieście (ok. 80 tysięcy mieszkańców). Analizę badań grupy gimnazjalistów przeprowadzono na podstawie 188 prawidłowo wypełnionych kwestionariuszy. Wiek badanych uczniów zawierał się w przedziale 14–16 lat, średnia wieku M = 14,87 (SD = 0,456). W grupie tej znalazło się 111 dziewcząt i 77 chłopców. Mniejsza liczba chłopców wynika z odrzucenia nieprawidłowo wypełnionych kwestionariuszy.

Grupę studentów stanowiły osoby studiujące w systemie stacjonarnym pedagogikę oraz filologię germańską o specjalności nauczycielskiej – łącznie 84 osoby. Do badań porównawczych wytypowano przyszłych pedagogów i nauczycieli, ponieważ będą oni odpowiedzialni za wychowanie dzieci i młodzieży, w tym również prozdrowotną edukację żywieniową. Wiek badanych studentów wahał się w przedziale 19–29 lat, średnia wieku M = 22,02 (SD = 2,042). W grupie studentów przeważały kobiety – 79 osób, co odpowiada strukturze płci studiujących na kierunkach nauczycielskich. Badania w grupie studentów przeprowadzono w maju 2010 roku.

Rozdział V
Samoocena własnego wyglądu i gotowość do poszerzania wiedzy żywieniowej badanej młodzieży podstawą zmiany sposobu odżywiania

Odwołując się do 3 początkowych problemów badawczych, dokonano analizy samooceny aparycji młodzieży w aspekcie prawidłowości masy ciała. Podjęto również próbę diagnozy gotowości badanych do zmiany własnego wyglądu przez zachowania związane z jedzeniem (np. eksperymentowanie z dietami, ograniczanie ilości spożywanych produktów itp.). Analizowano także intencje zachowań żywieniowych, których podstawą jest nie tylko potrzeba atrakcyjnego wyglądu, ale również motywacja poznawcza. Próbowano zdiagnozować, w jaki sposób młodzi ludzie poszerzają swoją wiedzę na tematy dotyczące prawidłowego odżywiania się w sytuacji, gdy treści edukacji żywieniowej w znikomym stopniu są obecne w obowiązkowym programie szkolnym.

Samoocena uznawana jest za główny element obrazu własnej osoby i podstawę świadomości samego siebie [Niebrzydowski 1976, s. 38]. Stanowi ona składnik wartościująco-oceniający obrazu siebie. Jest pochodną różnorodnych opinii i sądów, które odnosimy do naszych fizycznych, psychicznych i społecznych właściwości [Kirenko 2002, s. 128]. Samoocena najbardziej intensywnie kształtuje się w dzieciństwie i wczesnej młodości, a w okresie dojrzewania szczególnie ważna jest ocena własnego ciała. Zmiany fizyczne wynikające z faktu dojrzewania biologicznego są przyczyną obniżenia samooceny własnego wyglądu. W tym czasie częściej pojawia się nadwaga i otyłość. Obserwuje się także nieuzasadnione odchudzanie dziewcząt, a także podejmowanie przez chłopców działań wspomaganych przez sterydy i różne suplementy diety w celu zwiększenia masy mięśniowej [Smolak 2004, s. 15–28; Łukasik 2007, s. 237–246; Woynarowska 2007, s. 280–283]. Podstawą diagnozy czynników kształtujących sposób odżywiania badanej młodzieży uczyniono samoocenę prozdrowotnych i niekorzystnych dla zdrowia zachowań żywieniowych.

5.1. OCENA WŁASNYCH ZACHOWAŃ ŻYWIENIOWYCH MŁODZIEŻY

W celu zdiagnozowania sposobu odżywiania się badanych gimnazjalistów i studentów zostali oni poproszeni o ustosunkowanie się do stwierdzeń charakteryzujących zachowania żywieniowe uznawane powszechnie za niekorzystne dla zdrowia (jedzenie słodyczy, picie dużych ilości kawy, pomijanie śniadań, korzystanie z fast foodów) oraz sprzyjających zdrowiu (regularność odżywiania się, częste spożywanie owoców i warzyw oraz picie mleka). Respondenci mieli za zadanie wypowiedzieć się na temat każdego z twierdzeń, oceniając swój sposób odżywiania przez udzielenie jednej z odpowiedzi: „tak", „raczej tak", „trudno powiedzieć", „raczej nie", „nie".

Tabela 1. Ocena własnych zachowań żywieniowych gimnazjalistów i studentów – zachowania niekorzystne dla zdrowia

Twierdzenia dotyczące zachowań żywieniowych		Tak, raczej tak		Trudno powiedzieć		Nie, raczej nie		Porównania wewnątrzgrupowe	Porównania międzygrupowe
		n	%	n	%	n	%		
Jem dużo słodyczy	G	82	43,6	44	23,4	62	33,0	$\chi^2 = 11,534; p < 0,01$	$\chi^2 = 0,529$; n.i.
	S	36	42,9	17	20,2	31	36,9	$\chi^2 = 6,929; p < 0,05$	
Piję kawę kilka razy dziennie	G	74	39,4	35	18,6	79	42,0	$X^2 = 8,521; p < 0,05$	$\chi^2 = 13,688; p < 0,01$ C = 0,219; siła związku słaba
	S	25	29,8	5	6,0	54	64,2	$X^2 = 43,357; p < 0,001$	
Przed wyjściem z domu nie jem śniadania	G	74	39,4	16	8,5	98	52,1	$X^2 = 56,723; p < 0,001$	$\chi^2 = 6,586; p < 0,05$ C = 0,154; siła związku słaba
	S	20	23,8	7	8,3	57	67,9	$X^2 = 48,071; p < 0,001$	
Często korzystam z fast foodów	G	26	13,8	45	23,9	117	62,2	$X^2 = 159,660; p < 0,001$	$\chi^2 = 9,524; p < 0,05$ C = 0,178; siła związku słaba
	S	6	7,1	10	11,9	68	81,0	$X^2 = 86,000; p < 0,001$	

G – gimnazjaliści (N = 188)
S – studenci (N = 84)

Wewnątrzgrupowej oceny zachowań żywieniowych gimnazjalistów i studentów dokonano przy pomocy testu chi-kwadrat (porównanie liczebności oczekiwanych i obserwowanych). Analizowano zróżnicowanie wypowiedzi badanej młodzieży oceniającej własne zachowania żywieniowe. Różnice w zakresie postrzegania zachowań niekorzystnych dla zdrowia okazały się istotne statystycznie. Zarówno gimnazjaliści, jak i studenci statystycznie częściej przyznają się do nadmiernej konsumpcji słodyczy, choć po ok. 20% ankietowanych z każdej grupy nie potrafi jednoznacznie ocenić swych zachowań w tym zakresie. W przypadku nawyków takich jak: częste picie kawy, pomijanie śniadań oraz korzystanie z fast foodów statystycznie częściej obserwowano unikanie tego typu zachowań (por. tab. 1).

Interesujące okazały się również porównania między grupami gimnazjalistów i studentów. W odniesieniu do twierdzenia „Jem dużo słodyczy" w obydwu grupach około 1/3 badanych wskazywało, że to nie dotyczy ich osobiście (udzielali odpowiedzi „nie" lub „raczej nie").

W przypadku pozostałych twierdzeń będących wskaźnikami zachowań niekorzystnych dla zdrowia badanie wypada na niekorzyść młodzieży gimnazjalnej. Analiza współczynnika kontyngencji C pozwala skonstatować, że siła związku między deklarowanymi zachowaniami żywieniowymi a wiekiem badanej młodzieży (gimnazjaliści/studenci) jest słaba. Gimnazjaliści statystycznie częściej niż studenci sięgają po kawę, napoje zawierające kofeinę czy inne substancje energetyzujące (χ^2 = 13,688; df = 2; p < 0,01). 42% uczniów gimnazjum stara się unikać tego typu napojów, podczas gdy w grupie studentów odsetek ten sięga ponad 64%. Niepokojący jest również fakt, że niemal 40% uczniów gimnazjum przyznaje się do niejedzenia śniadań. W grupie badanych studentów śniadania nie je zwykle około 1/4 respondentów (χ^2 = 6,586; df = 2; p < 0,05). Odsetek badanych korzystających z fast foodów jest znacznie mniejszy niż w przypadku pozostałych analizowanych zachowań uznawanych jako szkodliwe dla zdrowia. Nie sposób pominąć jednak faktu, że dwukrotnie więcej gimnazjalistów niż studentów sięga po te artykuły (χ^2 = 9,524; df = 2; p < 0,05). Studenci w porównaniu z gimnazjalistami wykazują większą odpowiedzialność, unikając spożywania produktów szkodliwych dla zdrowia.

Tabela 2. Ocena własnych zachowań żywieniowych gimnazjalistów i studentów – zachowania korzystne dla zdrowia

Twierdzenia dotyczące zachowań żywieniowych		Tak, raczej tak		Trudno powiedzieć		Nie, raczej nie		Porównania wewnątrzgrupowe	Porównania międzygrupowe
		n	%	n	%	n	%		
Jem regularnie 4–5 razy dziennie	G	76	40,4	43	22,9	69	36,7	χ^2 = 9,649; p < 0,01	χ^2 = 0,954; n.i.
	S	30	35,7	18	21,4	36	42,9	χ^2 = 6,000; n.i.	
Codziennie jem owoce i warzywa	G	114	60,6	35	18,6	39	20,7	χ^2 = 63,202; p < 0,001	χ^2 = 0,387; n.i.
	S	54	64,3	15	17,9	15	17,9	χ^2 = 36,214; p < 0,001	
Często piję mleko	G	116	61,7	34	18,1	38	20,2	χ^2 = 68,213; p < 0,001	χ^2 = 5,051; n.i.
	S	51	60,7	8	9,5	25	29,8	χ^2 = 33,500; p < 0,001	

G – gimnazjaliści (N = 188)
S – studenci (N = 84)

Analizując ocenę własnych zachowań żywieniowych korzystnych dla zdrowia gimnazjalistów i studentów, dostrzeżono istotną statystycznie przewagę wypowiedzi pozytywnych wobec 3 twierdzeń powszechnie uznawanych za prozdrowotne sposoby odżywiania. Jedynie w grupie studentów odnotowano przewagę osób przyznających się do nieregularnego spożywania codziennych posiłków – różnica ta była jednak nieistotna statystycznie. Warto przy tym zwrócić uwagę, że w obydwu grupach 9,5%–43% młodzieży unika lub nie potrafi jednoznacznie ocenić własnych zachowań będących wskaźnikami zdrowego sposobu odżywiania (regularność posiłków, częste spożycie owoców i warzyw oraz picie mleka) (por. tab. 2).

Z międzygrupowej analizy danych zawartych w tabeli 2 wynika także, że częstość zachowań uznawanych powszechnie jako korzystne dla zdrowia jest podobna u studentów i uczniów gimnazjum. Odsetek młodzieży deklarującej obecność owoców i warzyw w codziennej diecie oraz częste picie mleka jest podobny i wynosi około 60%. Różnice między gimnazjalistami i studentami są nieistotne statystycznie, podobnie jak w przypadku twierdzenia „Jem regularnie 4–5 razy dziennie". Niepokojący jest fakt przyznawania się do nieregularnego spożywania posiłków prawie 43% studentów i 37% uczniów gimnazjum. Warto zauważyć, że ponad 1/5 badanych wybrała odpowiedź „trudno powiedzieć", która może oznaczać, że również w ich przypadku posiłki nie zawsze są spożywane regularnie. Nieregularność posiłków, czego wyrazem jest np. pomijanie śniadań w codziennym rozkładzie dnia, wydaje się większym problemem niż jakość spożywanych produktów.

Porównując zachowania żywieniowe badanej młodzieży ze sposobem odżywiania analizowanym w innych polskich badaniach, można dostrzec wiele analogii. W badaniach HBSC wykazano, że ponad 30% nastolatków nie je regularnie śniadań, a ok. 40% przyznaje się do nadmiernego spożywania słodyczy. Badani gimnazjaliści i studenci częściej niż młodzież, która brała udział w badaniach HBSC, deklarowali owoce i warzywa jako składniki codziennej diety [por. Woynarowska, Mazur 2004, s. 162–163]. Analizując wypowiedzi gimnazjalistów i studentów dotyczące wybranych aspektów zachowań zdrowotnych związanych z odżywianiem, można stwierdzić, że około połowa badanych wykazuje negatywne zachowania żywieniowe. W innych badaniach zachowań żywieniowych młodzieży 50% badanych oceniło swój sposób odżywiania jako nieprawidłowy [Marc 2009, s. 154]. To niekorzystne zjawisko niepokoi zwłaszcza w sytuacji, kiedy dotyczy osób młodych, uczących się i studiujących. W ich przypadku regularność posiłków jest podstawą do prawidłowego rozwoju fizycznego i intelektualnego.

5.2. SPOSTRZEGANIE WŁASNEGO CIAŁA PRZEZ GIMNAZJALISTÓW I STUDENTÓW

Uczniowie gimnazjum zapytani o zadowolenie ze swojego wyglądu odpowiadali twierdząco, podobnie jak studenci. Warto zauważyć, że mniej niż połowa badanych odpowiedziała „tak" lub „raczej tak" – jestem zadowolony(a) ze swojego wyglądu (por. tab. 3). Zróżnicowanie wypowiedzi wewnątrz obydwu badanych grup było istotne statystycznie. Wypowiedzi badanych świadczą o tym, że raczej chcieliby oni schudnąć niż przytyć. W obydwu grupach nie chciałoby przytyć ponad 80% respondentów. Można przypuszczać, że w grupie tej będą osoby, które kontrolują swoją masę ciała z obawy przed jej wzrostem oraz zwracają uwagę na ilość i wartość energetyczną spożywanych produktów.

Tabela 3. Percepcja własnego ciała przez gimnazjalistów i studentów

Twierdzenia związane z percepcją własnego ciała		Tak, raczej tak		Trudno powiedzieć		Nie, raczej nie		Test chi-kwadrat df = 2
		n	%	n	%	n	%	
Jestem zadowolony(a) ze swojego wyglądu	G	89	47,3	47	25,0	52	27,7	$\chi^2 = 16,798$; $p < 0,001$
	S	40	47,6	23	27,4	21	25	$\chi^2 = 7,768$; $p < 0,001$
Chciał(a)bym trochę schudnąć	G	92	48,9	26	13,8	70	37,2	$\chi^2 = 36,043$; $p < 0,001$
	S	59	70,2	3	3,6	22	26,2	$\chi^2 = 57,929$; $p < 0,001$
Chciał(a)bym trochę przytyć	G	26	13,8	10	5,3	152	80,9	$\chi^2 = 193,064$; $p < 0,001$
	S	13	15,5	2	2,4	69	82,1	$\chi^2 = 92,214$; $p < 0,001$

G – gimnazjaliści (N = 188)
S – studenci (N = 84)

Nie stwierdzono istotnych statystycznie różnic w wypowiedziach dziewcząt i chłopców na temat zadowolenia z własnego wyglądu. Warto zauważyć jednak różnice dotyczące kierunku zmiany wyglądu preferowanego przez przedstawicieli młodzieży gimnazjalnej obydwu płci, wyrażające się w wypowiedziach na temat twierdzeń „Chciał(a)bym trochę schudnąć" oraz „Chciał(a)bym trochę przytyć". Różnice w ustosunkowaniu się do tych wypowiedzi między dziewczętami i chłopcami w obydwu przypadkach są istotne statystycznie. W grupie badanych gimnazjalistów ponaddwukrotnie większy odsetek dziewcząt (62,2%) aniżeli chłopców (29%) deklaruje chęć redukcji wagi. W przypadku chęci zwiększenia masy ciała sytuacja jest odwrotna – 9% dziewcząt i 20% chłopców chciałoby przytyć (por. rys. 8, 9).

U dziewcząt ochota na schudnięcie najprawdopodobniej powodowana jest modą na szczupłą sylwetkę, u chłopców chęć zwiększenia masy ciała wynika z dążenia do uzyskania bardziej „męskiej", muskularnej budowy. Obydwa pożądane wzorce męskości i kobiecości lansowane są m.in. w mediach. Chęć redukcji masy ciała statystycznie częściej występuje w grupie studentów niż gimnazjalistów ($\chi^2 = 12,570$; $df = 2$; $p < 0,01$). Taka sytuacja może wynikać z trudności w uzyskaniu prawidłowej masy ciała studentów, spowodowanych m.in. nieprawidłowymi zachowaniami żywieniowymi, które kształtują się już w okresie wczesnego dzieciństwa.

Chęć redukcji masy ciała może być związana z problemem nadwagi lub otyłości osób badanych. Oceny masy ciała można dokonać na podstawie analizy BMI obliczonego ze wskaźników wagi i wzrostu podanych przez respondentów. BMI analizowano odrębnie dla studentów, jako osób dorosłych i gimnazjalistów, w przypadku których znaczenie odgrywa wiek i płeć. Oceny prawidłowości wskaźnika BMI dokonano, uwzględniając zalecenia WHO.

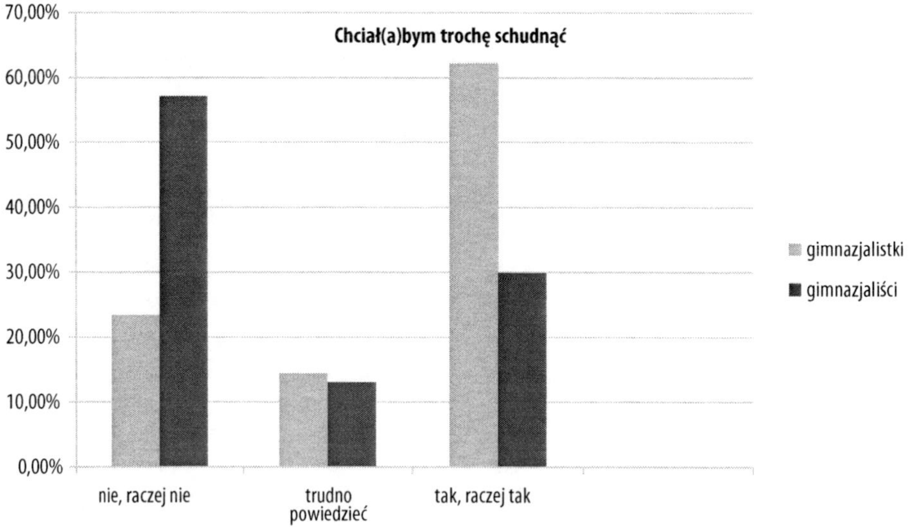

$\chi^2 = 23{,}637$; $df = 2$; $p < 0{,}001$; $N = 188$

Rys. 8. Chęć redukcji masy ciała badanych gimnazjalistów i gimnazjalistek

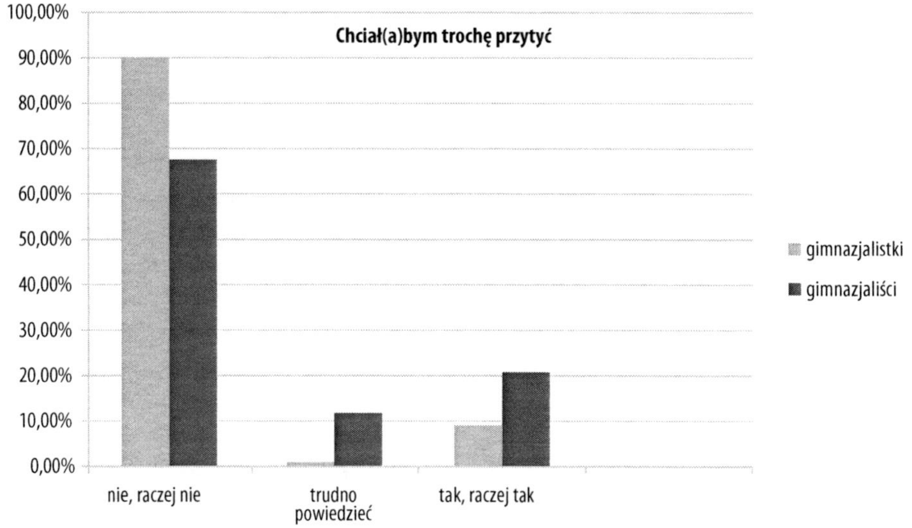

$\chi^2 = 17{,}361$; $df = 2$; $p < 0{,}001$; $N = 188$

Rys. 9. Deklarowana chęć zwiększenia masy ciała badanych gimnazjalistów i gimnazjalistek

Analiza wskaźnika BMI w obydwu badanych populacjach ujawniła więcej nieprawidłowości w postaci nadmiaru i niedoboru masy ciała w grupie studentów niż gimnazjalistów. Wskaźnik BMI uznawany jako norma wystąpił u 84% gimnazjalistów i 65,5% studentów. Problem nadmiaru masy ciała zaobserwowano u 11,2% gimnazjalistów i 16,7% studentów. Jeszcze większa różnica dostrzegalna jest w przypadku niedoboru masy ciała – na podstawie oceny BMI niedowagę zdiagnozowano u 4,8% gimnazjalistów i aż 17,9% badanych studentów (por. tab. 4).

Tabela 4. Ocena prawidłowości masy ciała według wskaźnika BMI gimnazjalistów i studentów

Grupa (gimnazjaliści/studenci)		Ocena wskaźnika BMI zgodna z zaleceniami WHO dla wieku i płci				
		niedowaga	norma	nadwaga	otyłość	ogółem
Gimnazjaliści	n	9	158	18	3	188
	%	4,8	84	9,6	1,6	100
Studenci	n	15	55	13	1	84
	%	17,9	65,5	15,5	1,2	100
Ogółem	n	24	213	31	4	272
	%	8,8	78,3	11,4	1,5	100

Ciekawych wniosków dostarczyła analiza akceptacji własnego wyglądu oraz chęci redukcji masy ciała osób badanych w zależności od oceny BMI w kategoriach niedowaga, prawidłowa masa ciała oraz nadwaga lub otyłość.

Tabela 5. Analiza zależności między oceną BMI a zadowoleniem z własnego wyglądu

Jestem zadowolony ze swojego wyglądu / Ocena masy ciała	Nie, raczej nie		Trudno powiedzieć		Tak, raczej tak		Ogółem	
	n	%	n	%	n	%	n	%
Niedowaga	4	16,7	4	16,7	16	66,7	24	100
Prawidłowa masa ciała	53	24,9	58	27,2	102	47,9	213	100
Nadwaga lub otyłość	16	45,7	8	22,9	11	31,4	35	100
Ogółem	73	26,8	70	25,7	129	47,4	272	100

Analiza za pomocą testu chi-kwadrat wykazała istotne statystycznie zróżnicowanie akceptacji własnego wyglądu badanej młodzieży w zależności od oceny masy ciała za pomocą wskaźnika BMI ($\chi^2 = 21,759$; df = 4; $p < 0,001$). Na uwagę zasługuje fakt, że osoby z niedowagą częściej są zadowolone ze swojego wyglądu niż osoby o prawidłowej masie ciała. Jak można było przypuszczać, wśród osób z nadwagą najwięcej jest niezadowolonych z własnego wyglądu. Jednak prawie 1/3 osób o nadmiernej masie ciała akceptuje swój wygląd. Być może niektórzy postrzegają swoją atrakcyjność fizyczną nie tylko przez pryzmat oceny masy ciała.

Tabela 6. Analiza zależności między oceną BMI a chęcią uzyskania szczuplejszej sylwetki

Chciałbym trochę schudnąć / Ocena masy ciała	Nie, raczej nie		Trudno powiedzieć		Tak, raczej tak		Ogółem	
	n	%	n	%	n	%	n	%
Niedowaga	17	70,8	0	0	7	29,2	24	100
Prawidłowa masa ciała	70	32,9	25	11,7	118	55,4	213	100
Nadwaga lub otyłość	5	14,3	4	11,4	26	74,3	35	100
Ogółem	92	33,8	29	10,7	151	55,5	272	100

Zależność między chęcią schudnięcia a prawidłowością masy ciała badanych okazała się istotna statystycznie ($\chi^2 = 10{,}711$; df = 4; $p < 0{,}05$).

Z analizy danych zawartych w tabeli 6 wynika, że 3/4 badanej młodzieży, u której zaobserwowano nadwagę, chciałoby schudnąć. Podobny odsetek ze zbyt niską masą ciała nie widzi potrzeby jej redukcji. Na uwagę zasługuje jednak fakt, że schudnąć chciałoby prawie 30% osób z niedowagą i ponad połowa, u których stwierdzono prawidłową masę ciała. Prawdopodobnie tendencja do odchudzania wynika z niewłaściwej percepcji masy ciała bądź mody na bardzo szczupłą sylwetkę.

5.3. DZIAŁANIA PODEJMOWANE PRZEZ MŁODZIEŻ W CELU REDUKCJI MASY CIAŁA

Przypuszczając, że młodzież wykazująca brak akceptacji dla własnego wyglądu i deklarująca gotowość zmiany masy ciała będzie podejmować zachowania związane z redukcją wagi, w kwestionariuszu zachowań żywieniowych dokonano analizy wypowiedzi badanej młodzieży, odnoszących się do sposobów na osiąganie pożądanej sylwetki.

Tabela 7. Podejmowanie przez badaną młodzież działań związanych z redukcją masy ciała

Twierdzenia dotyczące zachowań żywieniowych związanych z redukcją wagi		Tak, raczej tak		Trudno powiedzieć		Nie, raczej nie		Test chi-kwadrat df = 2
		n	%	n	%	n	%	
Wypróbowuję różne diety	G	40	21,3	21	11,2	127	66,7	$\chi^2 = 101{,}947$; $p < 0{,}001$
	S	11	13,1	8	9,5	65	77,4	$\chi^2 = 73{,}500$; $p < 0{,}001$
Ograniczam się w jedzeniu	G	62	33,0	38	20,2	88	46,8	$\chi^2 = 19{,}957$; $p < 0{,}001$
	S	24	28,6	18	21,4	42	50	$\chi^2 = 11{,}143$; $p < 0{,}01$
Odchudzam się	G	36	19,1	19	10,1	133	70,7	$\chi^2 = 120{,}713$; $p < 0{,}001$
	S	20	23,8	12	14,3	52	61,9	$\chi^2 = 32{,}000$; $p < 0{,}001$

G – gimnazjaliści (N = 188)
S – studenci (N = 84)

Analiza danych zawartych w tabeli 7 wykazała, że duża część badanych wyrażających motywację do redukcji wagi nie podejmuje działań w tym kierunku. Dotyczy to zwłaszcza studentów – aż 70,2% tej grupy badanych chciałoby schudnąć, jednak konkretne działania związane z ograniczeniem się w jedzeniu podejmuje tylko 28,6%, zaś odchudza się 19,1%. Gimnazjaliści wykazują większą konsekwencję między chęcią schudnięcia, którą deklaruje 48,9%, a ograniczaniem się w jedzeniu (33%) oraz odchudzaniem (23,8%). Analiza za pomocą testu chi-kwadrat wykazała istotne statystycznie zróżnicowanie wypowiedzi zarówno gimnazjalistów, jak i studentów. Większość badanych jest przeciwna eksperymentowaniu z dietami oraz odchudzaniu. Nieco więcej badanych jako sposób na redukcją masy ciała wybiera ograniczanie się w jedzeniu, które jako mniej radykalne niż diety odchudzające może być stosowane w sposób raczej bezpieczny, nawet bez konsultacji z lekarzem czy dietetykiem.

Przypuszczając, że działania podejmowane w celu redukcji wagi mogą być zależne od płci badanych, analizowano rozkład wypowiedzi na ten temat w grupie gimnazjalistów, która była bardziej zróżnicowana pod względem płci niż grupa studentów. Odnosząc się do twierdzenia „Wypróbowuję różne diety" – różnica jest istotna statystycznie (χ^2 = 11,016; df = 2; p < 0,01) – dziewczęta ponaddwukrotnie częściej odpowiadały „tak" lub „raczej tak". Istotna statystycznie okazała się również różnica w wypowiedziach dziewcząt i chłopców na temat ograniczania się w jedzeniu, które także znacznie częściej było udziałem dziewcząt (χ^2 = 10,951; df = 2; p < 0,01). W przypadku deklarowanych zachowań związanych z odchudzaniem się różnice nie były statystycznie istotne.

5.4. POSZUKIWANIE INFORMACJI NA TEMAT ZDROWEGO ODŻYWIANIA

Prozdrowotny sposób odżywiania się związany jest z posiadaną na ten temat wiedzą. Młodzież może ją czerpać od rodziców, rówieśników lub dzięki realizowanym w szkole programom edukacji żywieniowej. Samodzielne, aktywne poszukiwanie wiedzy na tematy związane z odżywianiem się można uznać za wyraz autentycznego zainteresowania tą problematyką.

Z danych zawartych w tabeli 8 wynika, że zarówno gimnazjaliści, jak i studenci raczej nie są zainteresowani poszukiwaniem informacji na temat zdrowego odżywiania się w mediach bądź publikacjach popularnonaukowych. 23,9% gimnazjalistów oraz 16,7% studentów pozytywnie ustosunkowało się do twierdzenia „Dużo czytam o zdrowym odżywianiu". Innym źródłem wiedzy na temat zdrowego odżywiania mogą być programy oglądane w telewizji. Tę formę poszukiwania informacji częściej wybierali studenci – 42,9% deklarowało, że w telewizji zwraca uwagę na programy o dietach i odżywianiu się. Różnica między dwiema porównywanymi grupami nie była istotna statystycznie.

Tabela 8. Poszukiwanie przez badanych gimnazjalistów i studentów informacji o zdrowym odżywianiu

Twierdzenia dotyczące poszukiwania informacji na tematy związane z odżywianiem się		Tak, raczej tak		Trudno powiedzieć		Nie, raczej nie		Test chi-kwadrat df = 2
		n	%	n	%	n	%	
Dużo czytam o zdrowym odżywianiu	G	45	23,9	28	14,9	115	61,2	$\chi^2 = 67{,}862; p < 0{,}001$
	S	14	16,7	13	15,5	57	67,9	$\chi^2 = 45{,}071; p < 0{,}001$
W telewizji zwracam uwagę na programy o dietach, odżywianiu itp.	G	50	26,6	24	12,8	114	60,6	$\chi^2 = 68{,}468; p < 0{,}001$
	S	36	42,9	9	10,7	39	46,4	$\chi^2 = 19{,}500; p < 0{,}001$

G – gimnazjaliści (N = 188)
S – studenci (N = 84)

Analiza wypowiedzi gimnazjalistów na temat poszukiwania przez nich wiedzy o zdrowym odżywianiu wykazała istotne statystycznie różnice w ustosunkowaniu się dziewcząt i chłopców do twierdzenia „Dużo czytam o zdrowym odżywianiu" (χ^2 = 18,309; df = 2; p < 0,001). Różnica w wypowiedziach między dziewczętami i chłopcami na temat twierdzenia „W telewizji zwracam uwagę na programy o dietach, odżywianiu itp." okazała się również istotna statystycznie (χ^2 = 12,941; df = 2; p < 0,01). Znacznie więcej dziewcząt niż chłopców wykazuje zainteresowanie poszukiwaniem informacji w mediach na temat sposobów zdrowego odżywiania się.

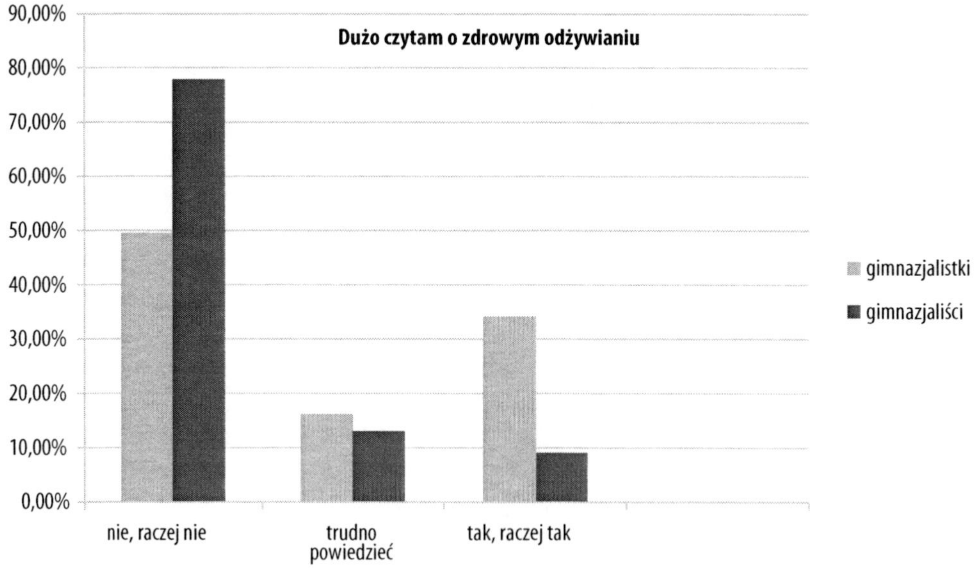

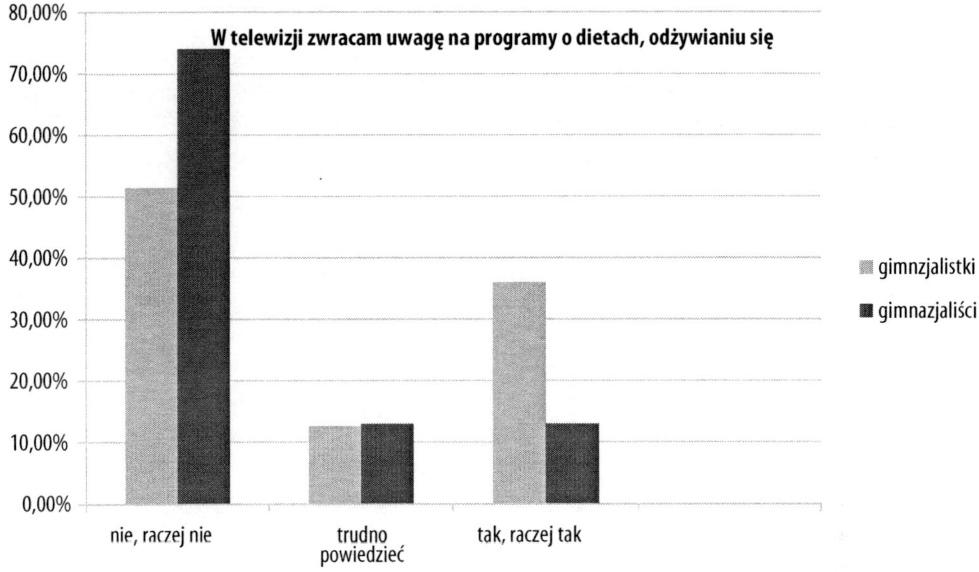

Rys. 10. Poszukiwanie informacji o zdrowym odżywianiu przez badanych gimnazjalistów i gimnazjalistki

Poszukiwanie informacji o zdrowym odżywianiu może być przejawem troski o zdrowie. W badaniach Anny Kołłajtis-Dołowy [2010, s. 127] troska ta koreluje m.in. z kierowaniem się w wyborze żywności informacjami z książek i czasopism. Warto dodać, że dbałość o zdrowie statystycznie częściej występuje u dziewcząt niż u chłopców.

Badania na temat sposobów pozyskiwania wiedzy związanej ze zdrowiem prowadziła wśród młodzieży radomskiej i warszawskiej Urszula Durlak [2010, s. 19]. W kategorii wiedzy dotyczącej racjonalnego odżywiania młodzież ze szkół radomskich wskazywała kolejno czasopisma, dom i telewizję jako źródła informacji, zaś młodzież warszawska szkołę, dom i czasopisma. Pozytywnym zjawiskiem jest oddziaływanie domu rodzinnego w edukacji żywieniowej. Szkoła nie zawsze spełnia swoją rolę w tym zakresie (uczniowie radomscy wymieniali ją na dalszym miejscu jako źródło wiedzy na temat zdrowego odżywiania), co uczniowie próbują rekompensować poszukiwaniem informacji na temat właściwego odżywiania w czasopismach i telewizji.

5.5. PODSUMOWANIE

1. Niespełna połowa badanej młodzieży to osoby zadowolone ze swojego wyglądu. Konsekwencją negatywnego spostrzegania własnego ciała mogą być działania zmierzające do uzyskania pożądanej sylwetki. Nie zawsze jednak te dążenia są uzasadnione w sposób obiektywny. Zdarza się, że osoby o prawidłowej

masie ciała, a nawet z niedowagą ograniczają się w jedzeniu. W programach szkolnej edukacji żywieniowej, realizowanej np. podczas godzin wychowawczych, powinny znaleźć się treści nie tylko poszerzające wiedzę żywieniową, ale także dotyczące samooceny własnego wyglądu.

2. Płeć jest czynnikiem różnicującym potrzeby gimnazjalistów wynikające z braku akceptacji dla własnego wyglądu – dziewczęta wyrażały chęć redukcji masy ciała, podczas gdy chłopcy dwukrotnie częściej chcieliby przytyć. Prawdopodobnie potrzeba ta wynika z chęci osiągnięcia bardziej „męskiej", muskularnej sylwetki. Gotowość poszukiwania informacji na temat prawidłowego odżywiania, będąca wyrazem troski o zdrowie, zależna jest również od płci badanych. Dziewczęta bardziej są zainteresowane poszerzaniem wiedzy o zdrowym odżywianiu. Edukacja żywieniowa jako element edukacji zdrowotnej powinna uwzględnić różnice związane z płcią – zainteresować chłopców troską o zdrowe odżywianie oraz pokazać zagrożenia wynikające ze stosowania sterydów w celu zwiększenia masy mięśniowej.
3. Ponad 70% studentów i prawie połowa gimnazjalistów deklaruje potrzebę redukcji masy ciała, przy czym w grupie młodzieży gimnazjalnej dwukrotnie częściej chciałyby schudnąć dziewczęta. W większości przypadków potrzeba ta wydaje się nieuzasadniona w sytuacji, gdy problem nadmiaru masy ciała dotyczy niespełna 10% badanej młodzieży gimnazjalnej. Warto dodać, że 1/5 ankietowanych gimnazjalistów eksperymentowała z dietami, a 1/3 ograniczała się w jedzeniu. Chęć redukcji masy ciała prawdopodobnie wynika z niebezpiecznej dla zdrowia mody na bardzo szczupłą sylwetkę, której krytyka powinna stać się treścią programów edukacji zdrowotnej w szkołach.
4. Niedobór i nadmiar masy ciała częściej diagnozowano u studentów niż u młodzieży gimnazjalnej. Niepokojący jest szczególnie problem niedowagi prawie 18% oraz nadwagi i otyłości 16% badanych studentów. W sytuacji gdy sposób odżywiania studentów oceniono jako bardziej korzystny dla zdrowia niż w przypadku badanych gimnazjalistów, można przypuszczać, że nieprawidłowości w zakresie masy ciała studiującej młodzieży to efekt niewłaściwego odżywiania we wcześniejszych okresach rozwojowych.
5. Jako że znaczący odsetek badanej młodzieży deklaruje niekorzystne dla zdrowia zachowania żywieniowe (np. pomijanie śniadań, nadmierną konsumpcję słodyczy, nieregularne spożywanie posiłków), dużą rolę może odegrać edukacja żywieniowa w mediach. Aktywne poszukiwanie informacji o zdrowym odżywianiu w telewizji, książkach, czasopismach, internecie deklaruje ok. 1/4 badanych. Warto wykorzystać zainteresowanie młodych ludzi wiedzą żywieniową, adresując do nich prozdrowotne reklamy społeczne, publikacje popularnonaukowe czy artykuły w czasopismach młodzieżowych poświęcone problematyce zdrowego odżywiania.

Rozdział VI
Podmiotowe uwarunkowania zachowań żywieniowych młodzieży – wartości osobiste i przekonania na temat zdrowego odżywiania

Spośród wielu potencjalnych czynników podmiotowych leżących u podstaw zachowań żywieniowych młodzieży (osobowość, inteligencja, emocje, rozwój fizyczny, zdrowie) analizowano wartości osobiste, a w szczególności miejsce zdrowia w hierarchii wartości oraz przekonania na temat zdrowego odżywiania, będące wskaźnikiem wiedzy żywieniowej badanej młodzieży. Analiza tych czynników stanowi próbę rozwiązania 3. i 4. problemu badawczego. Wybór tych 2 uwarunkowań nie umniejsza znaczenia innych cech podmiotowych jednostki dla podejmowania zachowań żywieniowych. Podyktowany jest jedynie umiejscowieniem problematyki zachowań żywieniowych w kontekście zachowań związanych ze zdrowiem oraz przyjętym modelem badawczym bazującym na Teorii Planowanego Zachowania/Uzasadnionego Działania Izaaca Ajzena.

6.1. MIEJSCE ZDROWIA W HIERARCHII WARTOŚCI BADANEJ MŁODZIEŻY

Rozumienie zdrowia przez dzieci i młodzież zmienia się wraz z rozwojem procesów myślenia i nabywania osobistych doświadczeń, a zachowania zdrowotne młodych ludzi stanowią odzwierciedlenie nawyków wyniesionych z domu rodzinnego. Wraz z wiekiem dziecka zmniejsza się kontrola rodziców nad zachowaniami zdrowotnymi i rośnie znaczenie wpływu społecznego grupy rówieśniczej. W wielu przypadkach wpływ ten dotyczy angażowania się w zachowania ryzykowne, szkodliwe dla zdrowia. Liczne badania wskazują, jednak na decydujące znaczenie przekazanego przez rodziców systemu wartości na postawy i zachowania zdrowotne, pomimo stopniowo malejącej rangi rodziny jako grupy odniesienia dorastającej młodzieży [Brown 1990; Fischoff 1990, za: Juczyński 2001, s. 128].

Uznanie wartości za własne następuje przez internalizację pewnych normatywnych aspektów kultury. Wybór wartości osobistych przez dzieci i młodzież jest ściśle związany z postrzeganymi przez nich czynnikami decydującymi o osobistym szczęściu. Zdaniem Zygfryda Juczyńskiego, czynniki te nazwane symbolami szczęścia, są wartościami o charakterze normatywnym, stanowiąc podstawę osobistej hierarchii wartości młodych ludzi [Juczyński 2001, s. 128–129].

Analizując zarówno symbole szczęścia, jak i wartości osobiste badanych gimnazjalistów, zwraca uwagę wysoka ranga przypisywana zdrowiu (por. tab. 9, 10). Wybierając zdrowie jako symbol szczęścia lub osobistą wartość, młodzież mogła przyznać mu (podobnie jak innym czynnikom) od 1 do 5 punktów bądź pozostawić bez wyboru. Wartość średnia przyznanych przez badanych gimnazjalistów punktów (rang) dla symbolu szczęścia „dobre zdrowie" wyniosła 2,63. „Dobre zdrowie, sprawność fizyczna i psychiczna" jako wartość osobista uzyskała w tej samej skali średnią 1,96. W rankingu symboli szczęścia oraz wartości osobistych „dobre zdrowie" zajęło wysokie 2. miejsce.

Porównując wyniki badanych gimnazjalistów z uzyskanymi przez autora narzędzia w badaniach normalizacyjnych przeprowadzonych na próbie 758 respondentów w wieku 11–17 lat, możemy zauważyć, że wyższą rangę dobremu zdrowiu jako symbolowi szczęścia przypisuje młodzież gimnazjalna. Respondenci ankietowani w przeprowadzonych ponad 10 lat wcześniej badaniach normalizacyjnych większą wagę od zdrowia przypisywali nie tylko „udanemu życiu rodzinnemu", ale także takim symbolom szczęścia, jak: „duży krąg przyjaciół", „wykonywanie ulubionej pracy, zawodu", „sukcesy w nauce, pracy". „Dobre zdrowie" jako symbol szczęścia osiągnęło w tych badaniach średnią wartość rang 1,85 i w rankingu symboli szczęścia znalazło się dopiero na 5. miejscu [Juczyński 2001, s. 130]. Różnice w postrzeganiu zdrowia jako symbolu szczęścia mogą być związane z wiekiem, pochodzeniem społecznym. Wyższy wynik uzyskany przez gimnazjalistów w prezentowanych badaniach w porównaniu z badaniami przeprowadzonymi w latach 1998–1999 może świadczyć o dostrzeganiu przez młodzież większego zainteresowania zdrowiem w społeczeństwie polskim. Dla wielu obywateli dobre zdrowie staje się ważniejsze niż praca i wykształcenie.

Tabela 9. Dobre zdrowie w hierarchii symboli szczęścia w percepcji badanych gimnazjalistów i studentów – analiza średnich rang

Symbole szczęścia	Gimnazjalistów (N = 188)		Studentów (N = 84)	
	Wartości średnie rang (min. = 0, max. = 5)	Ranking symboli szczęścia	Wartości średnie rang (min. = 0, max. = 5)	Ranking symboli szczęścia
Duży krąg przyjaciół	2,60	3	1,58	4
Udane życie rodzinne	2,90	1	3,87	1
Wykonywanie ulubionej pracy, zawodu	1,48	5	2,15	3
Sukcesy w nauce, pracy	1,52	4	0,93	7
Dobre zdrowie	**2,63**	**2**	**3,77**	**2**
Bycie potrzebnym dla innych ludzi	1,39	6	0,96	6
Dobre warunki materialne	1,00	8	1,10	5
Życie pełne przygód, podróży	1,11	7	0,62	8
Sława, popularność	0,44	9	0,01	9

Tabela 10. Dobre zdrowie, sprawność fizyczna i psychiczna w hierarchii wartości osobistych badanych gimnazjalistów i studentów – analiza średnich rang

Wartości osobiste	Gimnazjalistów (N = 188)		Studentów (N = 84)	
	Wartości średnie rang (min. = 0, max. = 5)	Ranking wartości osobistych	Wartości średnie rang (min. = 0, max. = 5)	Ranking wartości osobistych
Miłość, przyjaźń	3,76	1	4,21	1
Dobre zdrowie, sprawność fizyczna i psychiczna	**1,96**	**2**	**3,19**	**2**
Poczucie humoru, dowcip	1,57	4	0,79	7
Inteligencja, bystrość umysłu	1,78	3	1,88	3
Wiedza, mądrość	1,31	6	1,20	5
Radość, zadowolenie	1,35	5	1,51	4
Odwaga, stanowczość	1,09	7	0,51	9
Dobroć, delikatność	0,66	9	0,90	6
Ładny wygląd zewnętrzny, prezencja	0,86	8	0,58	8
Bogactwo, majątek	0,63	10	0,23	10

Przypuszczając, że wiek badanych może stanowić jedno z uwarunkowań umiejscowienia zdrowia w hierarchii wartości, porównano średnie rangi przypisywane zdrowiu traktowanemu jako symbol szczęścia i wartość osobistą przez gimnazjalistów i studentów. Analiza wartości przypisywanej przez gimnazjalistów i studentów zdrowiu za pomocą testu Manna-Witneya wykazała, że wiek badanych (przynależność do grupy gimnazjalistów bądź studentów) w sposób istotnie statystyczny różnicuje postrzeganie zdrowia, zarówno w kategoriach symbolu szczęścia, jak i wartości osobistej osób badanych. Studenci cenią zdrowie znacznie wyżej niż młodsi od nich o kilka lat gimnazjaliści (por. tab. 11).

Tabela 11. Zdrowie jako symbol szczęścia i wartość osobista w percepcji młodzieży gimnazjalnej i studentów

Zdrowie jako symbol szczęścia i wartość osobista	Średnie rangi		Test Manna-Whitneya	
	Gimnazjaliści (N = 188)	Studenci (N = 84)	Z	P
Symbol szczęścia „dobre zdrowie"	121,18	170,78	–4,909	0,000
Wartość osobista „dobre zdrowie, sprawność fizyczna i psychiczna"	121,43	170,24	–4,879	0,000

Podobne spostrzeżenia wynikają z analizy „wartości zdrowie" w systemie wartości autotelicznych w badaniach prowadzonych na Mazowszu. W grupie studentów zdrowie zajmuje 2. miejsce w hierarchii 26 wartości autotelicznych, natomiast uczniowie szkół ponadgimnazjalnych umieścili je dopiero na 6. (młodzież ze środowiska wiejskiego) bądź 4. miejscu (młodzież ze środowiska miejskiego) [Bielski 2010, s. 5–7]. Analiza rang (punktów w skali 0–5) przypisywanych zdrowiu jako symbolowi szczęścia oraz wartości osobistej wykazuje duże zróżnicowanie w wypowiedziach badanych gimnazjalistów. Wprawdzie ponad 37% badanych przyznało zdrowiu jako symbolowi szczęścia wysoką bądź najwyższą rangę, jednak aż 23,4% nie uznało dobrego zdrowia jako symbolu szczęścia. Ponad 40% gimnazjalistów nie umieściło dobrego zdrowia, sprawności fizycznej i psychicznej na liście 5 najważniejszych wartości osobistych. Jednak 1/3 badanych traktuje zdrowie jako wartość najważniejszą ze wszystkich lub bardzo ważną – o czym świadczy przypisanie 4 lub 5 punktów w hierarchii osobistych wartości (por. tab. 12). W grupie studentów tylko 16,7% badanych nie wybrało zdrowia jako jednej z najważniejszych wartości, a ponad 60% przypisało zdrowiu najwyższą bądź wysoką rangę w hierarchii wartości osobistych. Analiza rozkładu procentowego rang przypisywanych zdrowiu jako wartości osobistej i symbolowi szczęścia przez badanych gimnazjalistów i studentów wykazała różnice istotne statystycznie. Zdrowie jako wysoko ceniona wartość osobista częściej postrzegana jest przez studentów niż gimnazjalistów ($\chi^2 = 29{,}209$; df = 5; p < 0,001). Dla większości badanych studentów dobre zdrowie zajmuje wysoką pozycję w hierarchii symboli szczęścia ($\chi^2 = 24{,}915$; df = 5; p < 0,001).

Tabela 12. Rozkłady wyboru rang (w procentach) dla symbolu szczęścia „dobre zdrowie" i wartości osobistej „dobre zdrowie, sprawność fizyczna i psychiczna"

Rangi przypisywane zdrowiu	Przez gimnazjalistów				Przez studentów			
	Symbol szczęścia		Wartość osobista		Symbol szczęścia		Wartość osobista	
	n	%	n	%	n	%	n	%
Brak wyboru	44	23,4	76	40,4	4	4,8	14	16,7
Najniższa ranga (1)	12	6,4	19	10,1	4	4,8	6	7,1
Niska ranga (2)	21	11,2	13	6,9	5	6,0	8	9,5
Średnia ranga (3)	41	21,8	17	9,0	16	19,0	2	2,4
Wysoka ranga (4)	32	17,0	42	22,3	29	23,8	30	35,7
Najwyższa ranga (5)	38	20,2	21	11,2	35	41,7	24	28,6
Ogółem	188	100	188	100	84	100	84	100

W koncepcji wartości Rokeacha nie występują one samodzielnie, ale tworzą systemy. Można przypuszczać, że niektóre wartości współwystępują ze sobą, współzależność występowania pewnych wartości może mieć charakter ujemny. Należy spodziewać się również korelacji między wartościami osobistymi a symbolami szczęścia.

Analizując korelacje między wartościami osobistymi badanych gimnazjalistów, uwagę zwraca fakt występowania ujemnych zależności między wartością „dobre zdrowie, sprawność fizyczna i psychiczna" a innymi wartościami z Listy Wartości

Osobistych. Większość badanych korelacji jest istotna statystycznie. Wysoka ranga przypisywana „wartości zdrowie" związana jest z niewielkim uznaniem dla wartości „poczucie humoru, dowcip" ($\tau_b = -0{,}158$; p.i. < 0,01). Istotne statystycznie zależności ujemne na poziomie 0,05 występują również między zdrowiem a takimi wartościami jak: „wiedza, mądrość" ($\tau_b = -0{,}133$), „odwaga, stanowczość", ($\tau_b = -0{,}134$) „dobroć, delikatność" ($\tau_b = -0{,}134$), „ładny wygląd zewnętrzny, prezencja" ($\tau_b = -0{,}150$), „bogactwo, majątek" ($\tau_b = -0{,}144$). Osoby, dla których zdrowie jako wartość jest cenne, prawdopodobnie byłyby w stanie zrezygnować dla niego z innych wartości.

Tabela 13. Współzależność dobrego zdrowia oraz pozostałych wartości osobistych badanych gimnazjalistów

Wartości osobiste gimnazjalistów – LWO analiza korelacyjna τ_b Kendalla (N = 188)	Dobre zdrowie, sprawność fizyczna i psychiczna	
	Współczynnik korelacji	Istotność
Miłość, przyjaźń	–0,057	0,351
Poczucie humoru, dowcip	–0,158**	0,008
Inteligencja, bystrość umysłu	–0,039	0,516
Wiedza, mądrość	–0,133*	0,029
Radość, zadowolenie	–0,049	0,418
Odwaga, stanowczość	–0,134*	0,032
Dobroć, delikatność	–0,134*	0,032
Ładny wygląd zewnętrzny, prezencja	–0,150*	0,015
Bogactwo, majątek	–0,144*	0,023

** Korelacja jest istotna na poziomie 0,01 (dwustronnie).
* Korelacja jest istotna na poziomie 0,05 (dwustronnie).

Analiza korelacyjna rang przypisywanych symbolom szczęścia pozwala na wyciągnięcie podobnych wniosków, jak w przypadku ocen przypisywanych wartościom osobistym (por. tab. 14). Gimnazjaliści traktujący „dobre zdrowie" jako symbol szczęścia mniejsze znaczenie nadają takim symbolom, jak: „duży krąg przyjaciół" ($\tau_b = -0{,}180$; p.i. < 0,01); „sukcesy w pracy, nauce" ($\tau_b = -0{,}180$; p.i. < 0,01); „życie pełne przygód, podróży" ($\tau_b = -0{,}255$; p.i. < 0,01); „sława, popularność" ($\tau_b = 0{,}127$; p.i. < 0,01).

Postrzegane przez młodzież symbole szczęścia stanowią normatywną podstawę dla kształtowania i utrwalania względnie trwałej hierarchii wartości osobistych [Juczyński 2001, s. 128]. Teza ta znajduje potwierdzenie w analizie korelacyjnej między symbolami szczęścia wskazywanymi przez badaną młodzież gimnazjalną a wartościami osobistymi (por. tab. 15). Wysokie uznanie dla wartości „miłość, przyjaźń" koreluje dodatnio z przypisywaniem dużego znaczenia dla „udanego życia rodzinnego" ($\tau_b = 0{,}218$; p.i. < 0,01) oraz „bycia potrzebnym dla innych" ($\tau_b = 0{,}214$; p.i. < 0,01) jako symbolu szczęścia. Jednocześnie zaobserwowano istotne statystycznie ujemne korelacje między uznaniem dla wartości „miłość, przyjaźń" a wartościami, które w powszechnej ocenie są dalekie od altruistycznych, prospołecznych: „sukcesy w nauce, pracy" ($\tau_b = -0{,}297$; p.i. $< 0{,}01$); „życie pełne przygód, podróży" ($\tau_b = -0{,}177$; p.i. $< 0{,}01$). Analizując zależności między symbolami szczęścia a wartością osobistą „dobre zdrowie, sprawność fizyczna i psychiczna", dostrzeżono korelację dodatnią z „dobrym zdrowiem" ($\tau_b = 0{,}301$; p.i. $< 0{,}01$) oraz ujemną z symbolem szczęścia „sława, popularność" ($\tau_b = -0{,}268$; p.i. $< 0{,}01$).

Tabela 14. Współzależność symboli szczęścia badanych gimnazjalistów

Symbole szczęścia gimnazjalistów, analiza korelacyjna τ_b Kendalla (N = 188)	Dobre zdrowie	
	Współczynnik korelacji	Istotność
Duży krąg przyjaciół	−0,180**	0,002
Udane życie rodzinne	0,072	0,217
Wykonywanie ulubionej pracy, zawodu	−0,092	0,116
Sukcesy w nauce, pracy	−0,180**	0,002
Bycie potrzebnym dla innych ludzi	−0,005	0,931
Dobre warunki materialne	−0,085	0,159
Życie pełne przygód, podróży	−0,255**	0,000
Sława, popularność	−0,217**	0,001

** Korelacja jest istotna na poziomie 0,01 (dwustronnie).
* Korelacja jest istotna na poziomie 0,05 (dwustronnie).

Tabela 15. Współzależność wartości osobistych z symbolami szczęścia badanych gimnazjalistów

Wartości osobiste gimnazjalistów a symbole szczęścia analiza korelacyjna τ_b Kendalla N = 188	Miłość, przyjaźń		Dobre zdrowie, sprawność fizyczna i psychiczna	
	Współczynnik korelacji	Istotność	Współczynnik korelacji	Istotność
Duży krąg przyjaciół	0,100	0,097	−0,055	0,349
Udane życie rodzinne	0,218**	0,000	0,076	0,199
Wykonywanie ulubionej pracy, zawodu	−0,043	0,486	−0,025	0,671
Sukcesy w nauce, pracy	−0,297**	0,000	−0,044	0,466
Dobre zdrowie	0,069	0,254	0,301**	0,000
Bycie potrzebnym dla innych ludzi	0,214**	0,001	0,017	0,780
Dobre warunki materialne	−0,035	0,575	−0,029	0,631
Życie pełne przygód, podróży	−0,177**	0,004	−0,119	0,050
Sława, popularność	−0,105	0,109	−0,268**	0,000

** Korelacja jest istotna na poziomie 0,01 (dwustronnie).
* Korelacja jest istotna na poziomie 0,05 (dwustronnie).

Opisane istotne statystycznie zależności świadczą o tym, że badana młodzież miała dość spójny i ugruntowany system wartości, wypowiedzi na temat wartości były raczej przemyślane i pozbawione przypadkowości. Obszar wartości związanych ze zdrowiem został wyraźnie oddzielony od hedonistycznych (np. „życie pełne przygód, podróży"), materialnych (np. „bogactwo, majątek"), a nawet społecznych (np. „duży krąg przyjaciół").

6.2. POSTRZEGANIE „WARTOŚCI ZDROWIA" W RODZINIE I GRUPIE RÓWIEŚNICZEJ

Według Rokeacha wartości osobiste nabywane są w procesie socjalizacji przez modelowanie zachowań [Bartel 1996, s. 74]. Źródłem indywidualnego systemu wartości jest refleksja, poznanie i socjalizacja tzw. społecznego systemu wartości, uwzględniającego zewnętrzne, społeczno-kulturowe warunki, w których żyje człowiek [Ostrowska 2007, s. 4–5]. Mechanizmy socjalizacji zdrowia jako wartości to typowe również dla innych wartości mechanizmy identyfikacyjno-internalizacyjne. Różnica w przypadku „wartości zdrowia" polega na odmiennej często interpretacji treści tej wartości przez różne układy społeczne [Modrzewski 2008, s. 20]. Dla większości ludzi zdrowie jest wartością ważną, jednak odmienna jej interpretacja wynika z różnego przedstawiania tego co zdrowe w mediach, w rodzinach, w grupach rówieśniczych. Istnieje wiele poglądów na temat tego, jaki rodzaj i nasilenie aktywności fizycznej są zdrowe; co to znaczy zdrowe odżywianie się; czy zdrowie należy traktować w kategoriach biologicznych, czy również społecznych, psychicznych, intelektualnych, duchowych itp. Niezależnie od interpretacji treściowej „wartości zdrowia" można przypuszczać, że jej miejsce w hierarchii wartości, przypisywane znaczenie będzie podobne do rangi tej wartości w grupie odniesienia, którą dla przeciętnego nastolatka jest rodzina i grupa rówieśnicza.

Badani gimnazjaliści zostali poproszeni o wskazanie najważniejszych symboli szczęścia i wartości w ich rodzinach pochodzenia oraz w środowisku rówieśniczym. Należy zaznaczyć, że wartości w grupach odniesienia nie można interpretować jako wartości osobistych, jednak istnieje prawdopodobieństwo, że ich interpretacja treściowa jest spójna.

Tabela 16. Zależność między rangą przypisywaną przez gimnazjalistów wartości „dobre zdrowie, sprawność fizyczna i psychiczna" oraz oceną znaczenia tej wartości w ich rodzinach i grupach rówieśniczych

Dobre zdrowie, sprawność fizyczna i psychiczna...	Gimnazjaliści N = 188		Studenci N = 84	
	...jako wartość osobista (korelacja rang Spearmana)			
	p	Istotność	p	Istotność
jako spostrzegana wartość w rodzinie	0,441	0,01	0,188	n.i.
jako spostrzegana wartość w grupie rówieśniczej	0,398	0,01	0,302	0,01

Istotność korelacji rang Spearmana wskazuje na istnienie zależności między zdrowiem jako wartością osobistą a postrzeganiem „wartości zdrowia" w rodzinach badanych gimnazjalistów. Zależność taka istnieje również pomiędzy zdrowiem jako wartością osobistą a przekonaniem na temat znaczenia tej wartości w grupie rówieśniczej. Zdrowie jako wartość osobista zajmuje w hierarchii wartości badanych gimnazjalistów podobne miejsce jak w przypadku grup odniesienia. Można przypuszczać, że „dobre zdrowie, sprawność fizyczna i psychiczna" jest wartością nabywaną przez modelowanie.

Analiza korelacyjna między wartością przypisywaną zdrowiu przez studentów a postrzeganym znaczeniem tej wartości w rodzinach wykazała brak istotnej statystycznie zależności. Może to oznaczać, że rodzina pochodzenia w grupie młodych dorosłych (inaczej niż w przypadku młodzieży gimnazjalnej) ma niewielkie znaczenie dla jej modelowania. Studenci często nie mieszkają już z rodzicami, prowadzą odrębne gospodarstwa domowe, próbują budować własną hierarchię wartości, niezależną od wpływu rodziny.

Nie oznacza to, że na hierarchię wartości młodych dorosłych, a w szczególności sposób wartościowania zdrowia nie mają wpływu inne grupy odniesienia. Taką grupą mogą być rówieśnicy, przyjaciele, znajomi ze studiów, z którymi studenci spędzają dużo czasu. Z analizy danych (por. tab. 16) wynika, że istnieje statystycznie istotna zależność między rangą przypisywaną przez studentów zdrowiu jako wartości osobistej oraz postrzeganym znaczeniem tej wartości w grupach rówieśniczych.

Porównując wartość „dobre zdrowie" spostrzeganą przez respondentów w rodzinach pochodzenia oraz w grupach rówieśniczych, obliczono średnie rangi dla 3 porównywanych grup, traktując je jako próby zależne. Analiza rang przypisywanych „wartości zdrowie" wykazała, że ich rozkład odbiega od normalnego; dla porównania średnich rang zastosowano nieparametryczny test K dla prób zależnych (por. tab. 17).

Tabela 17. Zdrowie jako wartość osobista badanych gimnazjalistów, spostrzegana wartość w rodzinie oraz grupie rówieśniczej – analiza średnich rang

Dobre zdrowie, sprawność fizyczna i psychiczna	M	Wartość osobista a wartość w rodzinie – test Wilcoxona	Wartość osobista a wartość w grupie rówieśniczej – test Wilcoxona
Wartość osobista	1,95	Różnice w próbach zależnych: $p < 0{,}001$	Różnice w próbach zależnych: $p = 0{,}370$ ($>0{,}05$)
Wartość w rodzinie	2,20		
Wartość w grupie rówieśniczej	1,85		
N = 188; chi-kwadrat dla Anova Friedmana = 18,100; df = 2; $p < 0{,}001$			

Wartość chi-kwadrat dla Anova Friedmana jest istotna statystycznie, co świadczy o zróżnicowaniu średnich rang przypisywanych zdrowiu w 3 próbach: wartość osobista, wartość w rodzinie, wartość w grupie rówieśniczej. Test znakowanych rang Wilcoxona wykazał, że średnia ranga dla wartości „dobre zdrowie" postrzegana przez respondentów jest statystycznie w sposób istotny niższa niż postrzegana

„wartość zdrowia" w rodzinie. Istnienie statystycznej zależności między rangami przypisywanymi zdrowiu przez gimnazjalistów i członków ich rodzin może stanowić podstawę do wnioskowania o pozytywnej roli rodziny dla socjalizacji „wartości zdrowie" u młodzieży gimnazjalnej.

Gimnazjaliści, oceniając „wartość zdrowia" w swoich grupach rówieśniczych, uważają, że ich koledzy przypisują zdrowiu mniejszą wartość niż oni sami. Różnica wartości średnich rang okazała się jednak nieistotna statystycznie (p testu Wilcoxona > 0,05 – por. tab. 17).

Porównanie średnich rang przypisywanych zdrowiu jako wartości osobistej przez badanych studentów oraz spostrzeganej przez nich oceny tej wartości w rodzinach pochodzenia i grupie rówieśniczej za pomocą analizy wariancji dla prób zależnych wykazało istotną statystycznie różnicę (por. tab. 18).

Tabela 18. Zdrowie jako wartość osobista badanych studentów, spostrzegana wartość w rodzinie oraz grupie rówieśniczej – analiza średnich rang

Dobre zdrowie, sprawność fizyczna i psychiczna	M	Wartość osobista a wartość w rodzinie – test Wilcoxona	Wartość osobista a wartość w grupie rówieśniczej – test Wilcoxona
Wartość osobista	1,99	Różnice w próbach zależnych: $p < 0,001$	Różnice w próbach zależnych: $p < 0,01$
Wartość w rodzinie	2,43		
Wartość w grupie rówieśniczej	1,58		
N = 84; chi-kwadrat dla Anova Friedmana = 46,313; df = 2; $p < 0,001$			

Analiza średnich rang wskazuje wysoką ocenę znaczenia „wartości zdrowia" w rodzinach badanych studentów. Zdrowie postrzegane przez nich jako wartość osobista w sposób istotny statystycznie oceniane jest niżej niż postrzegana „wartość zdrowia" w rodzinach. Różnice średnich rang między zdrowiem jako wartością osobistą a spostrzeganą „wartością zdrowia" w grupach rówieśniczych badanych studentów również są istotne statystycznie. W tym przypadku badani uważali, że oni sami przypisują zdrowiu większą wartość niż ma to miejsce w grupach rówieśniczych, z którymi są związani (por. tab. 18).

6.3. MIEJSCE ZDROWIA W HIERARCHII WARTOŚCI A ZACHOWANIA ŻYWIENIOWE BADANEJ MŁODZIEŻY

Zależność między postrzeganiem zdrowia jako wartości a zachowaniami związanymi z odżywianiem nie była dotychczas analizowana w literaturze. Marzena Jeżewska-Zychowicz zwraca jednak uwagę na miejsce żywności w systemie wartości młodzieży. Konsekwencją postrzegania żywności jako wartości są postawy i zachowania żywieniowe. Autorka zwróciła uwagę na znaczenie modelowania znaczenia jedzenia jako wartości w rodzinach badanej młodzieży. Przejawem postrzegania żywności w kategoriach wartości może być traktowanie jedzenia jako nagrody, niewyrzucanie żywności, troska o przyjemną atmosferę podczas posiłku, dzielenie się żywnością z innymi itp.

Badając zależności między zachowaniami związanymi z odżywianiem się a oceną zdrowia jako wartości osobistej oraz symbolu szczęścia, przeprowadzono nieparametryczną analizę wariancji (test H Kruskala-Wallisa), porównując średnie rangi przypisywane zdrowiu przez osoby oceniające zachowania żywieniowe w kategoriach „tak" („raczej tak"), „trudno powiedzieć" lub „nie" („raczej nie").

Tabela 19. Współzależność zachowań żywieniowych z oceną zdrowia jako wartości osobistej oraz symbolu szczęścia badanej młodzieży N = 272 – analiza wariancji

Postrzeganie zdrowia jako wartości / Zachowania żywieniowe młodzieży N = 272; df = 2	Dobre zdrowie (symbol szczęścia)		Dobre zdrowie, sprawność fizyczna i psychiczna (wartość osobista)	
	H	p	H	p
Jem dużo słodyczy	3,809	n.i.	1,448	n.i.
Codziennie jem owoce i warzywa	2,014	n.i.	1,326	n.i.
Często piję mleko	1,264	n.i.	1,723	n.i.
Nie jem śniadania przed wyjściem z domu	4,152	n.i.	1,557	n.i.
Piję kawę kilka razy dziennie	0,772	n.i.	1,611	n.i.
Często korzystam z fast foodów	5,286	n.i.	10,149	0,01
Jem regularnie 4–5 razy dziennie	0,420	n.i.	0,600	n.i.

W wyniku analizy wariancji wykazano, że przypisywanie zdrowiu wartości różni się w sposób istotny statystycznie w grupach młodzieży korzystającej i niekorzystającej często z fast foodów. Uwzględniono również grupę młodzieży, którą trudno było ocenić pod względem częstości konsumowania tego typu produktów. Szczegółową analizę tej zależności przedstawiono w tabeli 20.

Tabela 20. Zróżnicowanie średnich rang przypisywanych wartości „dobre zdrowie, sprawność fizyczna i psychiczna" w zależności od częstości korzystania z fast foodów

Często korzystam z fast foodów	Ranga przypisywana zdrowiu jako wartości osobistej	
	n	Średnia ranga
[1] Nie, raczej nie	186	145,12
[2] Trudno powiedzieć	55	107,85
[3] Tak raczej tak	31	135,60
Ogółem	272	

Analiza średnich rang obliczonych dla testu Kruskala-Wallisa wykazała, że osoby niekorzystające z fast foodów przypisują najwyższą rangę zdrowiu jako wartości osobistej. Średnia ranga dla „wartości zdrowie" osób korzystających z fast foodów była niższa, zaś w grupie osób, które miały trudności oceny własnych zachowań - najniższa. Oznacza to prawdopodobnie, iż osoby ceniące zdrowie rozumieją, że korzystanie z wygodnego jedzenia, serwowanego w barach szybkiej obsługi nie sprzyja zdrowiu.

Tabela 21. Współzależność samooceny własnego wyglądu z oceną zdrowia jako wartości osobistej oraz symbolu szczęścia badanej młodzieży N = 272 – analiza wariancji

Postrzeganie zdrowia jako wartości / Samoocena własnego wyglądu N = 272; df = 2	Dobre zdrowie (symbol szczęścia)		Dobre zdrowie, sprawność fizyczna i psychiczna (wartość osobista)	
	H	p	H	p
Jestem zadowolony(a) ze swojego wyglądu	4,631	n.i.	2,183	n.i.
Chciał(a)bym trochę schudnąć	1,201	n.i.	8,872	0,05
Chciał(a)bym trochę przytyć	3,781	n.i.	5,325	n.i.

Wyniki analizy wariancji (nieparametryczny test H Kruskala-Wallisa) ujawniły istotne statystycznie zróżnicowanie średnich rang przypisywanych zdrowiu jako wartości osobistej w zależności od chęci utraty wagi młodzieży (por. tab. 21).

Tabela 22. Zróżnicowanie średnich rang przypisywanych wartości „dobre zdrowie, sprawność fizyczna i psychiczna" w zależności od chęci odchudzania się

Chciał(a)bym trochę schudnąć	Ranga przypisywana zdrowiu jako wartości osobistej	
	n	Średnia ranga
[1] Nie, raczej nie	92	150,58
[2] Trudno powiedzieć	29	102,95
[3] Tak raczej tak	151	134,37
Ogółem	272	

W grupie osób, które nie deklarowały potrzeby odchudzania odnotowano najwyższe rangi przypisywane zdrowiu. Można przypuszczać, że młodzież, która nie myśli o odchudzaniu (nie podejmuje też żadnych kroków w celu redukcji masy ciała), to osoby bardziej ceniące sobie zdrowie niż te, które rozważają możliwość podjęcia działań zmierzających do schudnięcia.

Tabela 23. Współzależność działań podejmowanych w kierunku redukcji masy ciała z oceną zdrowia jako wartości osobistej oraz symbolu szczęścia badanej młodzieży N = 272 – analiza wariancji

Postrzeganie zdrowia jako wartości / Sposoby redukcji masy ciała N = 272; df = 2	Dobre zdrowie (symbol szczęścia)		Dobre zdrowie, sprawność fizyczna i psychiczna (wartość osobista)	
	H	p	H	p
Wypróbowuję różne diety	8,752	0,01	5,476	n.i.
Ograniczam się w jedzeniu	3,192	n.i.	1,365	n.i.
Odchudzam się	2,673	n.i.	0,042	n.i.

W wyniku analizy wariancji stwierdzono, że eksperymentowanie z dietami w sposób istotny statystycznie różnicuje wartościowanie zdrowia przez badaną młodzież. Średnie wartości przypisywane zdrowiu jako symbolowi szczęścia przedstawia tabela 24.

Tabela 24. Zróżnicowanie średnich rang przypisywanych wartości „dobre zdrowie, sprawność fizyczna i psychiczna" w zależności od eksperymentowania z dietami

Wypróbowuję różne diety	Ranga przypisywana zdrowiu jako symbolowi szczęścia	
	n	Średnia ranga
[1] Nie, raczej nie	192	145,11
[2] Trudno powiedzieć	29	107,14
[3] Tak raczej tak	51	120,76
Ogółem	272	

Osoby powstrzymujące się od stosowania diet przypisują zdrowiu większe znaczenie niż osoby eksperymentujące z dietami oraz te, które udzieliły odpowiedzi „trudno powiedzieć". Być może osoby, które wypróbowują różne diety, kierują się w tych działaniach innymi wartościami niż zdrowie.

Podsumowując próbę uchwycenia zależności między wartościowaniem zdrowia a zachowaniami żywieniowymi młodzieży, warto podkreślić brak istotnych statystycznie zależności między zdrowiem a większością zachowań związanych z odżywianiem się. Prawdopodobnie nie świadczy to o braku uznania dla „wartości zdrowia". W innych badaniach dotyczących relacji między wartościowaniem zdrowia a zachowaniami młodzieży stwierdzono, że relacja ta warunkowana jest kontekstem sytuacyjnym [Zawadzka 2006, s. 41]. Prawdopodobnie kontekst sytuacyjny może być związany z oddziaływaniami środowiskowymi, np. modelowaniem zachowań w rodzinie czy grupie rówieśniczej, edukacją żywieniową prowadzoną w szkole itp.

6.4. PRZEKONANIA NA TEMAT ZALEŻNOŚCI MIĘDZY ODŻYWIANIEM SIĘ A ZDROWIEM

Według Barbary Woynarowskiej głównym celem prozdrowotnej edukacji żywieniowej jest „uzyskanie odpowiedniej wiedzy o żywności i żywieniu, umiejętności poszukiwania tej wiedzy, kształtowanie zdolności do interpretacji i krytycznej oceny informacji pochodzących z różnych źródeł, w tym zwłaszcza z mediów i reklam" [Woynarowska 2007, s. 296].

W celu oceny wiedzy żywieniowej młodzieży poproszono osoby badane o ustosunkowanie się do twierdzeń na temat prozdrowotnego znaczenia wybranych sposobów odżywiania (por. tab. 25).

Tabela 25. Przekonania gimnazjalistów i studentów na temat „zdrowych" i „niezdrowych" diet

Zdrowe jest...		Tak, raczej tak		Trudno powiedzieć		Nie, raczej nie		Test chi-kwadrat
		n	%	n	%	n	%	
...tradycyjne polskie jedzenie	G	119	63,3	43	22,9	26	13,8	$\chi^2 = 78{,}266; p < 0{,}001$
$\chi^2 = 20{,}395; df = 2; p < 0{,}001$	S	31	36,9	24	28,6	29	34,5	$\chi^2 = 0{,}929$; n.i.
...dieta śródziemnomorska	G	93	49,5	61	32,4	34	18,1	$\chi^2 = 27{,}840; p < 0{,}001$
$\chi^2 = 2{,}373; df = 2$; n.i.	S	45	53,6	30	35,7	9	10,7	$\chi^2 = 23{,}357; p < 0{,}001$
...odżywianie zgodne z grupą krwi	G	61	32,4	68	36,2	59	31,4	$\chi^2 = 1{,}265$; n.i.
$\chi^2 = 9{,}520; df = 2; p < 0{,}01$	S	15	17,9	46	54,8	23	27,4	$\chi^2 = 18{,}500; p < 0{,}001$
...dieta wegetariańska	G	56	29,8	37	19,7	95	50,5	$\chi^2 = 34{,}234; p < 0{,}001$
$\chi^2 = 3{,}391; df = 2$; n.i.	S	21	25	25	29,8	38	45,2	$\chi^2 = 5{,}643$; n.i.
...mleko	G	135	71,8	29	15,4	24	12,8	$\chi^2 = 127{,}676; p < 0{,}001$
$\chi^2 = 19{,}828; df = 2; p < 0{,}001$	S	37	44	29	34,5	18	21,4	$\chi^2 = 6{,}500; p < 0{,}05$
...dieta 1000 kalorii	G	40	21,8	68	36,2	80	42,6	$\chi^2 = 15{,}441; p < 0{,}001$
$\chi^2 = 2{,}615; df = 2$; n.i.	S	24	28,6	32	38,1	28	33,3	$\chi^2 = 1{,}143$; n.i.
...jedzenie domowych obiadów	G	132	70,2	26	13,8	30	16,0	$\chi^2 = 127{,}412; p < 0{,}001$
$\chi^2 = 10{,}540; df = 2; p < 0{,}01$	S	56	66,7	23	27,4	5	6,0	$\chi^2 = 47{,}786; p < 0{,}001$

G – Gimnazjaliści (N = 188)
S – Studenci (N = 84)

Z analizy danych zawartych w tabeli 25 wynika, że badana młodzież skłania się zdecydowanie ku przypisywaniu prozdrowotnych właściwości jedzeniu domowych obiadów, diecie śródziemnomorskiej oraz piciu mleka – test chi-kwadrat potwierdził pozytywny stosunek do tych diet zarówno w grupie gimnazjalistów, jak i studentów.

Po przeanalizowaniu wypowiedzi badanych gimnazjalistów i studentów na temat prozdrowotnych właściwości różnych diet nasuwa się spostrzeżenie, że młodzież gimnazjalna chętniej niż ich starsi koledzy skłania się ku przypisywaniu znaczenia korzystnego dla zdrowia pewnym sposobom odżywiania. Wnioskowanie na tej podstawie o większej świadomości zdrowotnej zachowań związanych z odżywianiem się w grupie młodszych uczestników badania prawdopodobnie byłoby jednak nadinterpretacją. Studenci z większą ostrożnością wypowiadają się na temat pozytywnego znaczenia diet. Spośród proponowanych do oceny pod względem właściwości prozdrowotnych zachowań żywieniowych uczniowie gimnazjum najczęściej przypisywali znaczenie prozdrowotne piciu mleka (71,8% odpowiadało tak lub raczej tak), jedzeniu domowych obiadów (70,2%) oraz tradycyjnych polskich potraw (63,3%). Wypowiedzi te świadczą o tradycyjnym podejściu do zdrowego odżywiania się. Analizując pozostałe wypowiedzi, można zauważyć pewną dezorientację gimnazjalistów w przypisywaniu znaczenia dietom uznawanym za bardziej nowoczesne. Młodzież gimnazjalna większe znaczenie prozdrowotne przypisuje odżywianiu zgodnemu z grupą krwi niż bardziej znanym i powszechnie uznawanym za zdrowe sposobom odżywiania się, jak dieta wegetariańska czy dieta 1000 kalorii. W grupie badanych studentów respondenci najczęściej przypisywali właściwości prozdrowotne jedzeniu domowych obiadów (66,7% odpowiedzi tak lub raczej tak), diecie śródziemnomorskiej (53,6%) oraz piciu mleka (44%).

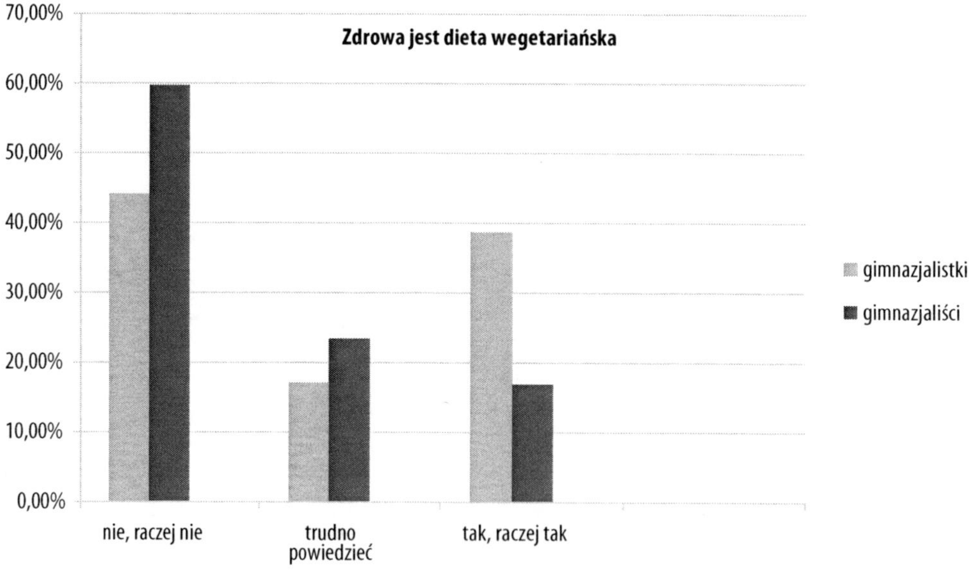

$\chi^2 = 10{,}385$; $df = 2$; $p < 0{,}01$

Rys. 11. Przekonania gimnazjalistów i gimnazjalistek o znaczeniu diety wegetariańskiej dla zdrowia

Analiza przekonań na temat prozdrowotnych właściwości wybranych sposobów odżywiania wykazała, że mężczyźni (chłopcy) statystycznie częściej sądzą, że zdrowe jest tradycyjne polskie jedzenie ($\chi^2 = 13{,}821$; $df = 2$; $p < 0{,}001$), jedzenie domowych obiadów ($\chi^2 = 6{,}337$; df = 2; $p < 0{,}05$) oraz mleko ($\chi^2 = 6{,}628$; df = 2; $p < 0{,}05$). Gimnazjalistki i studentki częściej były przekonane o prozdrowotnych właściwościach diety wegetariańskiej ($\chi^2 = 9{,}072$; df = 2; $p < 0{,}05$) oraz diety 1000 kalorii ($\chi^2 = 7{,}143$; df = 2; $p < 0{,}05$).

Poszukując różnic w wypowiedziach dziewcząt i chłopców będących uczniami gimnazjum na temat znaczenia diet dla zdrowia, okazało się, że jedynie różnica w postrzeganiu diety wegetariańskiej jest istotna statystycznie ze względu na płeć badanych. Dziewczęta ponaddwukrotnie częściej niż chłopcy twierdziły, że „zdrowa jest dieta wegetariańska" (por. rys. 11).

Analizując twierdzenia młodzieży dotyczące postrzegania zależności między sposobem odżywiania a zdrowiem, można zauważyć, że wiedza studentów wykracza poza tradycyjne rozumienie tego, co nazywamy „zdrowym jedzeniem" , podczas gdy gimnazjaliści statystycznie częściej twierdzili np., że zdrowe jest tradycyjne polskie jedzenie, domowe obiady oraz mleko. Różnice w wypowiedziach na temat zdrowego i niezdrowego sposobu odżywiania związane były też z płcią badanych, przy czym bardziej adekwatną wiedzą o zdrowym odżywianiu wykazały się dziewczęta. Zarówno gimnazjalistki, jak i studentki preferowały dietę wegetariańską i dietę 1000 kalorii. Podobne spostrzeżenia wynikają z badań prowadzonych wśród młodzieży warszawskiej, gdzie wiek i płeć w sposób istotny statystycznie różnicowały poziom wiedzy żywieniowej badanych. Dziewczęta częściej były przekonane o znaczeniu warzyw i owoców w codziennej diecie, konieczności ograniczenia spożycia tłuszczów, soli i słodyczy [Jeżewska-Zychowicz 2005, s. 35]. Poziom wiedzy żywieniowej zwiększał się również wraz z wiekiem [Jeżewska-Zychowicz 2005, s. 40]. Z badań prowadzonych wśród studentów na terenie Małopolski wynika, że ich wiedza na temat zdrowego odżywiania jest duża, o czym świadczy kontrola kaloryczności spożywanych produktów, zwracanie uwagi na zawartość mikroelementów i kwasu foliowego w codziennej diecie oraz unikanie tłuszczów nasyconych i konserwantów [Szyndera 2004, s. 216–287]. Analizy badań przeprowadzonych wśród studentów na Podkarpaciu wskazują, że niekorzystne z punktu widzenia zdrowia zachowania żywieniowe studentów nie wynikają z braku wiedzy, ale z nieregularnego trybu życia, braku wolnego czasu czy kłopotów finansowych. Studiująca młodzież zgłaszająca tego typu przeszkody wielokrotnie przyznawała, że w przyszłości ma zamiar zmienić nawyki żywieniowe na bardziej prozdrowotne zarówno pod względem ilościowym, jak i jakościowym [Binkowska-Bury 2009, s. 165–166].

6.5. PODSUMOWANIE

1. Zdrowie jest wartością cenioną przez badaną młodzież, o czym świadczą wysokie rangi przypisywane zdrowiu jako wartości osobistej i symbolowi szczęścia.

2. Postrzeganie zdrowia jako wartości jest efektem jej socjalizacji w rodzinie i grupie rówieśniczej, co wynika z oceny wartościowania zdrowia w grupach odniesienia.
3. Wartościowanie zdrowia nie znajduje odzwierciedlenia w prozdrowotnych zachowaniach żywieniowych. Odnotowano jednak korelację ujemną między rangą przypisywaną zdrowiu a eksperymentowaniem z dietami. Można wnioskować, że osoby ceniące zdrowie nie ulegają modnym dietom, o często wątpliwych właściwościach zdrowotnych, podchodząc do kwestii odżywiania w sposób świadomy i rozsądny.
4. Wiedza żywieniowa młodzieży, wyrażająca się w ocenie różnych sposobów odżywiania, z punktu widzenia zdrowia różni się w zależności od wieku i płci badanych. Bardziej prawidłowe są przekonania na temat zdrowego odżywiania u dziewcząt oraz młodzieży starszej (studentów). Potrzeba edukacji żywieniowej wydaje się większa w grupie młodszej młodzieży, a nawet – jak wskazuje piśmiennictwo – dzieci w wieku przedszkolnym i wczesnoszkolnym.

Rozdział VII
Socjokulturowe uwarunkowania zachowań związanych z odżywianiem

Społeczno-kulturowe uwarunkowania zachowań żywieniowych młodzieży analizowano, odwołując się do postrzeganych przez badanych gimnazjalistów i studentów czynników wpływu społecznego, leżących u podstaw zachowań związanych z odżywianiem się. Szczególnie interesująca okazała się analiza zależności między uwarunkowaniami zachowań żywieniowych w percepcji badanej młodzieży a deklarowanymi przez nią sposobami odżywiania. Stanowi ona próbę rozwiązania 5. problemu badawczego oraz podstawę do podjęcia dyskusji z wykorzystaniem wniosków uzyskanych w badaniach innych autorów; np. Marzeny Jeżewskiej-Zychowicz [2005], która wykazała znaczenie czynników rodzinnych dla kształtowania zachowań żywieniowych młodzieży oraz Anny Kołłajtis-Dołowy [2010], z badań której wynika, że najważniejszy spośród uwarunkowań zachowań żywieniowych młodzieży jest wpływ reklamy.

7.1. PRZEKONANIA NA TEMAT CZYNNIKÓW WPŁYWAJĄCYCH NA SPOSÓB ODŻYWIANIA

Analizując wypowiedzi uczniów i studentów na temat czynników mających wpływ na sposób odżywiania się, postrzeganie najważniejszych uwarunkowań jest zbliżone. Badanie za pomocą testu chi-kwadrat wykazało zróżnicowanie wypowiedzi na temat postrzeganych czynników zachowań żywieniowych w kategoriach „tak, raczej tak", „trudno powiedzieć" oraz „nie, raczej nie" (liczebności obserwowane w sposób istotny statystycznie różnią się od oczekiwanych). Wypowiedzi na temat tylko jednego czynnika – wpływu sławnych osób promujących w telewizji zdrowe jedzenie – nie były zróżnicowane w sposób istotny statystycznie. Na podstawie twierdzeń respondentów na ten temat nie można wnioskować, czy dostrzegają oni wpływ tzw. celebrytów na sposób odżywiania, czy też nie. Zauważalna jest tendencja do częstszego dostrzegania związku między zachowaniami żywieniowymi a ich możliwymi uwarunkowaniami przez studentów niż przez gimnazjalistów, co potwierdzają istotne statystycznie różnice. Badani studenci statystycznie częściej niż ich młodsi koledzy – uczniowie gimnazjum – dostrzegali związek między sposobem odżywiania się a takimi czynnikami, jak wzorce wyniesione z domu, szybkie tempo życia, reklamy produktów żywnościowych, moda na spożywanie pewnych produktów, sytuacja materialna, dążenie do atrakcyjności fizycznej, moda na różne diety, odchudzanie (por. tab. 26).

Tabela 26. Przekonania badanych na temat postrzeganych przez nich uwarunkowań zachowań żywieniowych

Na sposób odżywiania się mają wpływ		Tak, raczej tak		Trudno powiedzieć		Nie, raczej nie		Test chi-kwadrat
		n	%	n	%	n	%	
Wzorce wyniesione z domu $\chi^2 = 12{,}376$; df = 2; $p < 0{,}01$	G	122	64,9	31	16,5	35	18,6	$\chi^2 = 99{,}206$; $p < 0{,}001$
	S	72	85,7	5	6	7	8,3	$\chi^2 = 103{,}786$; $p < 0{,}001$
Osoby, z którymi się przebywa $\chi^2 = 11{,}653$; df = 2; $p < 0{,}01$	G	86	45,7	39	20,7	63	33,5	$\chi^2 = 17{,}628$; $p < 0{,}001$
	S	57	67,9	12	14,3	9	17,8	$\chi^2 = 45{,}214$; $p < 0{,}001$
Szybkie tempo życia $\chi^2 = 19{,}213$; df = 2; $p < 0{,}001$	G	128	68,1	27	14,4	33	17,6	$\chi^2 = 117{,}735$; $p < 0{,}001$
	S	77	91,7	6	7,1	1	1,2	$\chi^2 = 129{,}071$; $p < 0{,}001$
Reklama $\chi^2 = 12{,}941$; df = 2; $p < 0{,}01$	G	68	36,2	47	25,0	73	38,8	$\chi^2 = 6{,}074$; $p < 0{,}05$
	S	48	57,1	21	25	15	17,9	$\chi^2 = 22{,}071$; $p < 0{,}001$
Moda na spożywanie pewnych produktów $\chi^2 = 7{,}926$; df = 2; $p < 0{,}05$	G	70	37,2	30	16,0	88	46,8	$\chi^2 = 28{,}096$; $p < 0{,}001$
	S	37	44	22	26,2	25	29,8	$\chi^2 = 4{,}500$; n.i.
Sytuacja materialna $\chi^2 = 20{,}614$; df = 2; $p < 0{,}001$	G	91	48,4	39	20,7	58	30,9	$\chi^2 = 22{,}096$; $p < 0{,}001$
	S	62	73,8	16	19	6	7,1	$\chi^2 = 63{,}714$; $p < 0{,}001$
Programy telewizyjne $\chi^2 = 1{,}468$; df = 2; n.i.	G	65	34,6	42	22,3	81	43,1	$\chi^2 = 12{,}266$; $p < 0{,}01$
	S	29	34,5	24	28,6	31	36,9	$\chi^2 = 0{,}929$; n.i.
Dążenie do fizycznej atrakcyjności $\chi^2 = 14{,}338$; df = 2; $p < 0{,}01$	G	142	75,5	18	9,6	28	14,9	$\chi^2 = 151{,}447$; $p < 0{,}001$
	S	79	94	4	4,8	1	1,2	$\chi^2 = 139{,}500$; $p < 0{,}001$
Moda na diety, odchudzanie $\chi^2 = 18{,}732$; df = 2; $p < 0{,}01$	G	74	39,4	41	21,8	73	38,8	$\chi^2 = 11{,}254$; $p < 0{,}01$
	S	56	66,7	14	16,7	14	16,7	$\chi^2 = 42{,}000$; $p < 0{,}001$
Sławne osoby promujące zdrowe odżywianie w telewizji $\chi^2 = 7{,}926$; df = 2; n.i.	G	62	33,0	51	27,1	75	39,9	$\chi^2 = 4{,}606$; n.i.
	S	31	36,9	30	35,7	23	27,4	$\chi^2 = 1{,}357$; n.i.
Jakość produktów dostępnych w sklepach $\chi^2 = 1{,}498$; df = 2; n.i.	G	121	64,4	38	20,2	29	15,4	$\chi^2 = 82{,}096$; $p < 0{,}001$
	S	52	61,9	22	26,2	10	11,9	$\chi^2 = 33{,}429$; $p < 0{,}001$
Umiejętności kulinarne $\chi^2 = 5{,}150$; df = 2; n.i.	G	109	58,0	25	13,3	54	28,7	$\chi^2 = 58{,}096$; $p < 0{,}001$
	S	46	54,8	20	23,8	18	21,4	$\chi^2 = 17{,}429$; $p < 0{,}001$

G – Gimnazjaliści (N = 188)
S – Studenci (N = 84)

W wypowiedziach na temat postrzegania wpływu mody oraz programów telewizyjnych o tematyce kulinarnej na spożywanie pewnych produktów bardziej zdecydowani są jednak gimnazjaliści (test chi-kwadrat w grupie studentów nie wykazał różnic istotnych statystycznie). Należy zauważyć, że 3 pierwsze miejsca w hierarchii uwarunkowań w obydwu grupach zajmują te same czynniki: dążenie do fizycznej atrakcyjności (75,5% gimnazjalistów i 94% studentów), szybkie tempo życia (68,1% gimnazjalistów i 91,7% studentów) oraz wzorce wyniesione z domu (64,9% gimnazjalistów i 85,7% studentów). Warto podkreślić, że to nie wzorce wyniesione z domu, wpływ rówieśników czy mediów, lecz dążenie do atrakcyjności fizycznej wskazywane było najczęściej przez badanych wśród uwarunkowań zachowań związanych z odżywianiem. Ponadto istnieje statystycznie istotna zależność w grupie gimnazjalistów między płcią a postrzeganiem dążenia do atrakcyjności fizycznej jako czynnika wpływającego na sposób odżywiania się – dziewczęta dostrzegają taką zależność częściej niż chłopcy ($\chi^2 = 6,621$; df = 2; $p < 0,05$). Dążenie do atrakcyjności jako motywacja dziewcząt do wyboru sposobu odżywiania może nieść ryzyko nieuzasadnionego odchudzania się w wyniku promowania ideologii szczupłego ciała jako wzoru kobiecej urody.

Analizując kolejne miejsca w hierarchii czynników wpływających na sposób odżywiania się w percepcji badanych gimnazjalistów i studentów, można dostrzec różnicę polegającą na przypisywaniu większego znaczenia przez studentów czynnikom społeczno-kulturowym, takim jak: wpływ rówieśników, z którymi spędza się dużo czasu („tak" lub „raczej tak" odpowiadało 67,9% studentów), moda na różne diety, odchudzanie (66,7%), reklamy produktów żywnościowych (57,1% studentów). W grupie gimnazjalistów znaczącą rolę przypisywano czynnikom niezwiązanym z wpływem społecznym, np. jakości produktów dostępnych w sklepach (64,4%) oraz umiejętnościom kulinarnym (58%).

Spodziewając się różnic w postrzeganiu wpływu wybranych czynników na sposób odżywiania w zależności od płci, przeprowadzono analizę czynników warunkujących zachowania żywieniowe dziewcząt i chłopców – osobno dla całej grupy badawczej oraz dla grupy gimnazjalistów (por. tab. 27).

Czynniki, takie jak wzorce wyniesione z domu, rówieśnicy z najbliższego otoczenia, moda na spożywanie pewnych produktów, sytuacja materialna, jakość produktów dostępnych w sklepach oraz umiejętności kulinarne okazały się tak samo ważne dla sposobu odżywiania – niezależnie od płci badanych.

Wpływ na zachowania żywieniowe celebrytów promujących w telewizji zdrowe odżywianie, a także wpływ reklamy i szybkiego tempa życia częściej dostrzegany był przez kobiety (dziewczęta), ale tylko w odniesieniu do całej badanej grupy – w odniesieniu do grupy gimnazjalistów płeć nie różnicowała w sposób istotny statystycznie postrzegania wpływu tych czynników.

Tabela 27. Płeć jako czynnik różnicujący postrzeganie wpływu wybranych czynników na sposób odżywiania

Na sposób odżywiania się mają wpływ (różnice istotne statystycznie w zależności od płci*)	
N = 272	N = 188 (tylko gimnazjaliści)
Moda na diety, odchudzanie $\chi^2 = 24{,}000$; df = 2; p < 0,001	Moda na diety, odchudzanie $\chi^2 = 14{,}558$; df = 2; p < 0,01
Dążenie do fizycznej atrakcyjności $\chi^2 = 14{,}801$; df = 2; p < 0,001	Dążenie do fizycznej atrakcyjności n.i.
Programy telewizyjne $\chi^2 = 12{,}899$; df = 2; p < 0,01	Programy telewizyjne $\chi^2 = 12{,}015$; df = 2; p < 0,01
Sławne osoby promujące zdrowe odżywianie w telewizji $\chi^2 = 10{,}418$; df = 2; p < 0,01	Sławne osoby promujące zdrowe odżywianie w telewizji $\chi^2 = 8{,}330$; df =2; p < 0,05
Szybkie tempo życia $\chi^2 = 9{,}377$; df = 2; p < 0,01	Szybkie tempo życia n.i.
Reklama $\chi^2 = 7{,}099$; df = 2; p < 0,05	Reklama n.i.
Wzorce wyniesione z domu n.i.	Wzorce wyniesione z domu n.i.
Osoby, z którymi się przebywa n.i.	Osoby, z którymi się przebywa n.i.
Moda na spożywanie pewnych produktów n.i.	Moda na spożywanie pewnych produktów n.i.
Sytuacja materialna n.i.	Sytuacja materialna n.i.
Jakość produktów dostępnych w sklepach n.i.	Jakość produktów dostępnych w sklepach n.i.
Umiejętności kulinarne n.i.	Umiejętności kulinarne n.i.

* W przypadku różnic istotnych statystycznie dziewczęta (kobiety) częściej dostrzegały wpływ czynników na sposób odżywiania niż chłopcy (mężczyźni).

Z punktu widzenia edukacji żywieniowej szczególną uwagę warto zwrócić na czynniki wpływu społecznego w odmienny sposób postrzegane przez dziewczęta i chłopców w wieku dojrzewania. Stwierdzono, że dziewczęta statystycznie częściej niż chłopcy dostrzegają związek między oglądaniem programów telewizyjnych o dietach, odżywianiu się, tematyce kulinarnej a zachowaniami związanymi z odżywianiem się ($\chi^2 = 12{,}015$; df = 2; p < 0,01). Gimnazjalistki częściej niż ich koledzy odpowiadały że na sposób odżywiania się ma wpływ moda na różne diety, odchudzanie ($\chi^2 = 14{,}558$; df = 2; p < 0,01), a także sławne osoby promujące w telewizji zdrowe odżywianie się ($\chi^2 = 8{,}330$; df = 2; p < 0,05). Różnice między dziewczętami a chłopcami w zakresie postrzegania wpływu mody lansowanej przez sławne osoby z telewizji na zainteresowanie sposobem odżywiania należy tłumaczyć nie tylko ciekawością poznawczą dziewcząt w kierunku poszukiwania informacji na temat zdrowych diet. Prawdopodobnie dziewczęta w większym stopniu niż chłopcy ulegają zachowaniom konformistycznym i, wzorując się na sławnych aktorkach, piosenkarkach, podążają za modą na stosowanie diet w celu utrzymania szczupłej sylwetki, która utożsamiana jest ze zdrowiem, sukcesem, pewnością siebie czy atrakcyjnością seksualną.

Wyniki badań na temat postrzeganych przez młodzież czynników wpływu społecznego warto porównać z doniesieniami z badań innych autorów. Dostrzeganie przez młodzież wpływu rodziny na kształtowanie zachowań związanych z odżywianiem odnotowano wśród licealistów warszawskich. Wzorce rodzinne były przez młodzież uważane za ważniejsze niż wpływy rówieśników, autorytet nauczyciela czy lekarza [Marc 2009, s. 137]. Przewagę znaczenia czynników środowiska rodzinnego nad wpływem społecznym szkoły, rówieśników, reklamy, mediów wykazała również Marzena Jeżewska-Zychowicz, która zwróciła jednak uwagę, że wraz z wiekiem rośnie krytyczny stosunek młodzieży do zwyczajów żywieniowych w ich rodzinach pochodzenia. Można więc przypuszczać, że w takiej sytuacji udział pozarodzinnych czynników wpływu społecznego u starszej młodzieży będzie większy. Natomiast w badaniach Anny Kołłajtis-Dołowy [2010, s. 123] młodzież oceniająca wpływ wybranych czynników na sposób odżywiania najczęściej wskazywała na tradycje i przyzwyczajenia żywieniowe oraz dochody i ceny produktów, natomiast modę i mass media zaliczała do stosunkowo najmniej istotnych czynników.

Dostrzeganie wpływu czynników społecznych można traktować jako element wiedzy żywieniowej, która, jak wskazują badania, zależna jest nie tylko od wieku [Kołłajtis-Dołowy 2010, s. 165], ale również od płci. Wiedza na temat zasad prawidłowego odżywiania się jest większa u dziewcząt [Jeżewska-Zychowicz 2005, s. 119]. Ponadto dziewczęta częściej informowały o znaczeniu pozarodzinnych uwarunkowań środowiskowych, jak: sklepik szkolny, reklama, naśladownictwo zachowań żywieniowych koleżanek i kolegów [Jeżewska-Zychowicz 2005, s. 63–64].

7.2. OCENA WPŁYWU WYBRANYCH UWARUNKOWAŃ SOCJOKULTUROWYCH NA ZACHOWANIA ŻYWIENIOWE MŁODZIEŻY

Zakładając, że postrzegany wpływ wybranych czynników mających znaczenie dla sposobu odżywiania w pewnej mierze odpowiada rzeczywistym uwarunkowaniom socjokulturowym zachowań żywieniowych badanej młodzieży, dokonano analizy zależności postrzeganych czynników oraz zachowań żywieniowych korzystnych oraz niekorzystnych dla zdrowia za pomocą testu chi-kwadrat Pearsona. Następnie, w celu analizy wyników istotnych statystycznie dokonano porównania wartości procentowych i liczebności w tabelach krzyżowych.

Tabela 28. „Jem dużo słodyczy" jako przykład zachowania antyzdrowotnego a postrzegany wpływ czynników kształtujących zachowania żywieniowe (ocena istotności statystycznej zależności za pomocą testu chi-kwadrat Pearsona)

„Jem dużo słodyczy" a postrzegany wpływ czynników kształtujących zachowania żywieniowe			
	Gimnazjaliści N = 188	Studenci N = 84	Ogółem N = 272
Wzorce wyniesione z domu	**$\chi^2 = 11{,}745$; df = 4; p < 0,05**	$\chi^2 = 5{,}124$; df = 4; n.i.	$\chi^2 = 6{,}626$; df = 4; n.i.
Reklama	**$\chi^2 = 11{,}587$; df = 4; p < 0,05**	$\chi^2 = 8{,}851$; df = 4; n.i.	$\chi^2 = 3{,}693$; df = 4; n.i.
Rówieśnicy	$\chi^2 = 2{,}149$; df = 4; n.i.	$\chi^2 = 0{,}723$; df = 4; n.i.	$\chi^2 = 0{,}786$; df = 4; n.i.
Szybkie tempo życia	**$\chi^2 = 13{,}445$; df = 4; p < 0,05**	$\chi^2 = 3{,}624$; df = 4; n.i.	$\chi^2 = 8{,}014$; df = 4; n.i.
Moda na spożywanie określonych produktów	$\chi^2 = 7{,}643$; df = 4; n.i.	$\chi^2 = 8{,}673$; df = 4; n.i.	$\chi^2 = 3{,}750$; df = 4; n.i.
Programy telewizyjne o dietach, odchudzaniu	$\chi^2 = 3{,}540$; df = 4; n.i.	$\chi^2 = 6{,}573$; df = 4; n.i.	$\chi^2 = 2{,}971$; df = 4; n.i.
Moda na diety, odchudzanie	$\chi^2 = 4{,}115$; df = 4; n.i.	$\chi^2 = 7{,}851$; df = 4; n.i.	$\chi^2 = 4{,}202$; df = 4; n.i.
Celebryci	$\chi^2 = 3{,}573$; df = 4; n.i.	$\chi^2 = 5{,}020$; df = 4; n.i.	$\chi^2 = 3{,}690$; df = 4; n.i.
Sytuacja materialna	$\chi^2 = 4{,}692$; df = 4; n.i.	$\chi^2 = 7{,}396$; df = 4; n.i.	$\chi^2 = 5{,}803$; df = 4; n.i.
Dążenie do atrakcyjności fizycznej	$\chi^2 = 4{,}930$; df = 4; n.i.	$\chi^2 = 2{,}463$; df = 4; n.i.	$\chi^2 = 6{,}133$; df = 4; n.i.
Jakość produktów dostępnych w sklepach	$\chi^2 = 2{,}820$; df = 4; n.i.	$\chi^2 = 6{,}379$; df = 4; n.i.	$\chi^2 = 6{,}871$; df = 4; n.i.
Umiejętności kulinarne	$\chi^2 = 0{,}787$; df = 4; n.i.	**$\chi^2 = 10{,}839$; df = 4; p < 0,05**	$\chi^2 = 2{,}012$; df = 4; n.i.

Obliczenia chi-kwadrat wykazały istnienie zależności istotnych statystycznie między konsumpcją słodyczy a następującymi czynnikami sposobu odżywiania postrzeganymi przez badanych gimnazjalistów: wzorce wyniesione z domu, reklama oraz szybkie tempo życia. W grupie studentów zaś dostrzeżono tylko jeden istotny statystycznie związek – z przekonaniem, że „na sposób odżywiania mają wpływ umiejętności kulinarne" (por. tab. 28).

Tabela 29. Deklaracja gimnazjalistów „Jem dużo słodyczy" a postrzegany wpływ szybkiego tempa życia, wzorców wyniesionych z domu oraz reklamy na sposób odżywiania (rozkład odpowiedzi w tabeli krzyżowej)

Jem dużo słodyczy	Na sposób odżywiania ma wpływ szybkie tempo życia							
	Nie, raczej nie		Trudno powiedzieć		Tak, raczej tak		Ogółem	
	częstość	%	częstość	%	częstość	%	częstość	%
Nie, raczej nie	14	42,4	5	18,5	43	33,6	62	33
Trudno powiedzieć	8	24,2	13	48,1	23	18	44	23,4
Tak, raczej tak	11	33,3	9	33,3	62	48,4	82	43,6
Ogółem	33	100	27	100	128	100	188	100

Jem dużo słodyczy	Na sposób odżywiania mają wpływ wzorce wyniesione z domu							
	Nie, raczej nie		Trudno powiedzieć		Tak, raczej tak		Ogółem	
	częstość	%	częstość	%	częstość	%	częstość	%
Nie, raczej nie	17	48,6	8	25,8	37	30,3	62	33
Trudno powiedzieć	2	5,7	12	38,7	30	24,6	44	23,4
Tak, raczej tak	16	45,7	11	35,5	55	45,1	82	43,6
Ogółem	35	100	31	100	122	100	188	100
Jem dużo słodyczy	Na sposób odżywiania ma wpływ reklama							
	Nie, raczej nie		Trudno powiedzieć		Tak, raczej tak		Ogółem	
	częstość	%	częstość	%	częstość	%	częstość	%
Nie, raczej nie	33	45,2	13	27,7	16	23,5	62	33
Trudno powiedzieć	11	15,1	16	34,0	17	25	44	23,4
Tak, raczej tak	29	39,7	18	38,3	35	51,5	82	43,6
Ogółem	73	100	47	100	68	100	188	100

1/3 badanych gimnazjalistów (62 osoby) przyznaje się do spożywania dużych ilości słodyczy, uważając jednocześnie, że na sposób odżywiania ma wpływ szybkie tempo życia. Warto zwrócić uwagę, że wśród osób przekonanych o wpływie szybkiego tempa życia na sposób odżywiania niemal połowa twierdziła, że je zbyt dużo słodyczy (por. tab. 29). Można przypuszczać, że nadmierna konsumpcja słodyczy jest związana z szybkim tempem życia młodzieży gimnazjalnej, która nie ma czasu na przygotowywanie i spożywanie wysokowartościowych posiłków. Problem braku czasu na zdrowe odżywianie się z pewnością wymaga dalszych pogłębionych badań.

Kolejna część tabeli pokazuje, że niemal 30% badanej młodzieży gimnazjalnej (55 osób) je dużo słodyczy oraz twierdzi jednocześnie, że na sposób odżywiania mają wpływ wzorce wyniesione z domu. Spośród gimnazjalistów przekonanych o wpływie wzorców wyniesionych z domu na sposób odżywiania się najliczniejszą grupę (45,1%) stanowią przyznający się do nadmiernej konsumpcji słodyczy. Można przypuszczać, że osoby te jako czynnik dużego spożycia słodyczy niekorzystnego dla zdrowia będą postrzegać negatywne wzorce wyniesione z domu rodzinnego. Warto również zauważyć, że w grupie młodzieży nietraktującej wzorców wyniesionych z domu w kategoriach uwarunkowań zachowań związanych z odżywianiem się, znalazło się niemal tyle samo osób „jedzących dużo słodyczy", jak i „niejedzących dużo słodyczy".

Tabela 29 przedstawia również rozkład twierdzeń gimnazjalistów na temat postrzeganego wpływu reklamy w zestawieniu z oceną własnych zachowań żywieniowych związanych z jedzeniem słodyczy. Warto zauważyć, że ponad połowa gimnazjalistów przekonanych, że na sposób odżywiania ma wpływ reklama, przyznaje się do jedzenia dużych ilości słodyczy. Jednocześnie w grupie młodzieży sceptycznie wypowiadającej się o wpływie reklamy na sposób odżywiania ponad 45% raczej unikało słodyczy.

Można przypuszczać, że o częstości sięgania po słodycze przez młodzież decyduje m.in. wpływ społeczny związany z reklamą i jest to raczej wpływ negatywny.

Tabela 30. Deklaracja studentów „Jem dużo słodyczy" a postrzegany wpływ umiejętności kulinarnych na sposób odżywiania (rozkład odpowiedzi w tabeli krzyżowej)

Jem dużo słodyczy	Na sposób odżywiania mają wpływ umiejętności kulinarne							
	Nie, raczej nie		Trudno powiedzieć		Tak, raczej tak		Ogółem	
	częstość	%	częstość	%	częstość	%	częstość	%
Nie, raczej nie	11	61,1	10	50	10	21,7	31	36,9
Trudno powiedzieć	3	16,7	3	15	11	23,9	17	20,2
Tak, raczej tak	4	22,2	7	35	25	54,3	38	42,9
Ogółem	18	100	20	100	46	100	84	100

W grupie studentów odnotowano tylko jedną zależność istotną statystycznie między nadmierną konsumpcją słodyczy a postrzeganymi czynnikami wpływającymi na sposób odżywiania. Czynnikiem tym nie są jednak uwarunkowania związane z wpływem społecznym (np. rodzina, rówieśnicy, media), ale umiejętności kulinarne. 30% badanych studentów (25 osób) twierdziło, że na sposób odżywiania mają wpływ umiejętności kulinarne, przyznając się jednocześnie do nadmiernej konsumpcji słodyczy. Warto dodać, że studenci przekonani o wpływie umiejętności kulinarnych na sposób odżywiania w większości (54,3%) przyznawali się do jedzenia dużych ilości słodyczy. W grupie studentów nieprzywiązujących wagi do umiejętności kulinarnych jako czynnika kształtującego zachowania żywieniowe przeważały osoby unikające słodyczy (por. tab. 30). Być może studenci przyznający się do nadmiernej konsumpcji słodyczy sami przygotowują słodkie potrawy. Można też zastanawiać się nad potwierdzeniem tezy, że osoby niewykazujące talentów kulinarnych mogą częściej kupować słodycze, które są zdecydowanie bardziej niezdrowe niż potrawy przygotowywane w domu.

Tabela 31. „Przed wyjściem z domu nie jem śniadania" jako przykład zachowania antyzdrowotnego a postrzegany wpływ czynników kształtujących zachowania żywieniowe (ocena istotności statystycznej zależności za pomocą testu chi-kwadrat Pearsona)

„Przed wyjściem z domu nie jem śniadania" a postrzegany wpływ czynników kształtujących zachowania żywieniowe			
	Gimnazjaliści N = 188	Studenci N = 84	Ogółem N = 272
Wzorce wyniesione z domu	$\chi^2 = 1{,}208$; df = 4; n.i.	$\chi^2 = 2{,}374$; df = 4; n.i.	$\chi^2 = 1{,}700$; df = 4; n.i.
Reklama	$\chi^2 = 1{,}911$; df = 4; n.i.	$\chi^2 = 0{,}775$; df = 4; n.i.	$\chi^2 = 1{,}512$; df = 4; n.i.
Rówieśnicy	$\chi^2 = 6{,}066$; df = 4; n.i.	$\chi^2 = 2{,}575$; df = 4; n.i.	$\chi^2 = 7{,}884$; df = 4; n.i.
Szybkie tempo życia	$\chi^2 = 0{,}943$; df = 4; n.i.	$\chi^2 = 1{,}264$; df = 4; n.i.	$\chi^2 = 1{,}859$; df = 4; n.i.

Moda na spożywanie określonych produktów	χ^2 = 2,223; df = 4; n.i.	χ^2 = 6,504; df = 4; n.i.	χ^2 = 4,240; df = 4; n.i.
Programy telewizyjne o dietach, odchudzaniu	χ^2 = 3,141; df = 4; n.i.	χ^2 = 2,185; df = 4; n.i.	χ^2 = 4,028; df = 4; n.i.
Moda na diety, odchudzanie	χ^2 = 7,213; df = 4; n.i.	χ^2 = 3,236; df = 4; n.i.	χ^2 = 5,841; df = 4; n.i.
Celebryci	χ^2 = 4,886; df = 4; n.i.	χ^2 = 2,998; df = 4; n.i.	χ^2 = 2,621; df = 4; n.i.
Sytuacja materialna	χ^2 = 2,131; df = 4; n.i.	χ^2 = 2,259; df = 4; n.i.	χ^2 = 2,997; df = 4; n.i.
Dążenie do atrakcyjności fizycznej	χ^2 = 3,778; df = 4; n.i.	χ^2 = 3,630; df = 4; n.i.	χ^2 = 4,501; df = 4; n.i.
Jakość produktów dostępnych w sklepach	χ^2 = 6,344; df = 4; n.i.	χ^2 = 0,186; df = 4; n.i.	χ^2 = 4,862; df = 4; n.i.
Umiejętności kulinarne	χ^2 = 3,004; df = 4; n.i.	χ^2 = 4,385; df = 4; n.i.	χ^2 = 5,841; df = 4; n.i.

Stosując test chi-kwadrat, nie stwierdzono żadnej zależności istotnej statystycznie między postrzeganiem przez badaną młodzież czynników wpływu społecznego kształtujących zachowania związane z odżywianiem a pomijaniem śniadań. Zjawisko wychodzenia z domu bez śniadania jest powszechne nie tylko wśród młodzieży z zachowaniem antyzdrowotnym, które z pewnością wymaga dalszych analiz prowadzących do poznania jego przyczyn.

Tabela 32. „Często korzystam z fast foodów" jako przykład zachowania antyzdrowotnego a postrzegany wpływ czynników kształtujących zachowania żywieniowe (ocena istotności statystycznej zależności za pomocą testu chi-kwadrat Pearsona)

„Często korzystam z fast foodów" a postrzegany wpływ czynników kształtujących zachowania żywieniowe			
	Gimnazjaliści N = 188	Studenci N = 84	Ogółem N = 272
Wzorce wyniesione z domu	χ^2 = 0,390; df = 4; n.i.	χ^2 = 4,016; df = 4; n.i.	χ^2 = 0,567; df = 4; n.i.
Reklama	χ^2 = 2,033; df = 4; n.i.	χ^2 = 0,534; df = 4; n.i.	χ^2 = 1,384; df = 4; n.i.
Rówieśnicy	χ^2 = 3,762; df = 4; n.i.	χ^2 = 8,228; df = 4; n.i.	χ^2 = 4,557; df = 4; n.i.
Szybkie tempo życia	χ^2 = 1,575; df = 4; n.i.	χ^2 = 0,833; df = 4; n.i.	χ^2 = 1,563; df = 4; n.i.
Moda na spożywanie określonych produktów	**χ^2 = 12,126; df = 4; $p < 0,05$**	χ^2 = 3,889; df = 4; n.i.	χ^2 = 5,092; df = 4; n.i.
Programy telewizyjne o dietach, odchudzaniu	χ^2 = 1,514; df = 4; n.i.	χ^2 = 1,125; df = 4; n.i.	χ^2 = 1,183; df = 4; n.i.
Moda na diety, odchudzanie	χ^2 = 5,512; df = 4; n.i.	χ^2 = 6,831; df = 4; n.i.	χ^2 = 1,251; df = 4; n.i.
Celebryci	χ^2 = 9,264; df = 4; n.i.	χ^2 = 0,292; df = 4; n.i.	χ^2 = 6,759; df = 4; n.i.
Sytuacja materialna	χ^2 = 0,987; df = 4; n.i.	χ^2 = 1,588; df = 4; n.i.	χ^2 = 1,098; df = 4; n.i.
Dążenie do atrakcyjności fizycznej	χ^2 = 2,801; df = 4; n.i.	χ^2 = 1,155; df = 4; n.i.	χ^2 = 3,073; df = 4; n.i.
Jakość produktów dostępnych w sklepach	χ^2 = 1,209; df = 4; n.i.	χ^2 = 1,591; df = 4; n.i.	χ^2 = 0,767; df = 4; n.i.
Umiejętności kulinarne	χ^2 = 2,485; df = 4; n.i.	χ^2 = 0,857; df = 4; n.i.	χ^2 = 2,328; df = 4; n.i.

Analizując zależności między postrzeganiem przez młodzież czynników warunkujących sposób odżywiania a korzystaniem z barów i restauracji oferujących „szybkie jedzenie", np. frytki, hamburgery, hot dogi, zapiekanki, dostrzeżono modę jako czynnik różnicujący w sposób istotny statystycznie sięganie po tego typu produkty. Okazało się, że zależność ta dotyczy grupy gimnazjalistów, co może być związane z faktem, że młodsza młodzież przywiązuje większą wagę do mody na jedzenie tego typu produktów niż np. studenci.

Tabela 33. Deklaracja gimnazjalistów „Często korzystam z fast foodów" a postrzegany wpływ reklamy na sposób odżywiania (rozkład odpowiedzi w tabeli krzyżowej)

Często korzystam z fast foodów	Na sposób odżywiania ma wpływ moda na jedzenie pewnych produktów							
	Nie, raczej nie		Trudno powiedzieć		Tak, raczej tak		Ogółem	
	częstość	%	częstość	%	częstość	%	częstość	%
Nie, raczej nie	64	72,7	12	40	42	60	118	62,8
Trudno powiedzieć	16	18,2	13	43,3	16	22,9	45	23,9
Tak, raczej tak	8	9,1	5	16,7	12	17,1	25	13,3
Ogółem	88	100	30	100	70	100	188	100

Z analizy danych zawartych w tabeli 33 wynika, że większość badanych gimnazjalistów nie korzysta jednak z fast foodów. Tego typu żywności unika zarówno większość młodzieży przekonana o wpływie mody na sposób odżywiania, jak i tej, która nie wierzy w oddziaływanie mody na spożywanie określonych produktów. W grupie gimnazjalistów przyznających się do korzystania z fast foodów osoby przekonane o znaczeniu mody stanowią jednak prawie połowę. Można przypuszczać, że korzystanie z fast foodów w pewnym stopniu jest warunkowane przez czynniki wpływu społecznego związane z modą.

Tabela 34. „Często piję mleko" jako przykład zachowania prozdrowotnego a postrzegany wpływ czynników kształtujących zachowania żywieniowe (ocena istotności statystycznej zależności za pomocą testu chi-kwadrat Pearsona)

„Często piję mleko" a postrzegany wpływ czynników kształtujących zachowania żywieniowe			
	Gimnazjaliści N = 188	Studenci N = 84	Ogółem N = 272
Wzorce wyniesione z domu	$\chi^2 = 2{,}006$; df = 4; n.i.	$\chi^2 = 6{,}212$; df = 4; n.i.	$\chi^2 = 6{,}467$; df = 4; n.i.
Reklama	$\chi^2 = 1{,}291$; df = 4; n.i.	$\chi^2 = 1{,}832$; df = 4; n.i.	$\chi^2 = 0{,}545$; df = 4; n.i.
Rówieśnicy	$\chi^2 = 2{,}242$; df = 4; n.i.	$\chi^2 = 2{,}880$; df = 4; n.i.	$\chi^2 = 2{,}139$; df = 4; n.i.
Szybkie tempo życia	$\chi^2 = 5{,}362$; df = 4; n.i.	$\chi^2 = 2{,}256$; df = 4; n.i.	$\chi^2 = 4{,}780$; df = 4; n.i.
Moda na spożywanie określonych produktów	$\chi^2 = 7{,}868$; df = 4; n.i.	$\chi^2 = 5{,}493$; df = 4; n.i.	$\chi^2 = 8{,}598$; df = 4; n.i.
Programy telewizyjne o dietach, odchudzaniu	$\chi^2 = 1{,}387$; df = 4; n.i.	$\chi^2 = 5{,}027$; df = 4; n.i.	$\chi^2 = 0{,}634$; df = 4; n.i.
Moda na diety, odchudzanie	$\chi^2 = 3{,}112$; df = 4; n.i.	$\chi^2 = 4{,}381$; df = 4; n.i.	$\chi^2 = 5{,}096$; df = 4; n.i.

Celebryci	$\chi^2 = 0,499$; df = 4; n.i.	$\chi^2 = 4,724$; df = 4; n.i.	$\chi^2 = 2,641$; df = 4; n.i.
Sytuacja materialna	**$\chi^2 = 10,089$; df = 4; p < 0,05**	$\chi^2 = 7,504$; df = 4; n.i.	**$\chi^2 = 9,974$; df = 4; p < 0,05**
Dążenie do atrakcyjności fizycznej	$\chi^2 = 2,108$; df = 4; n.i.	$\chi^2 = 1,253$; df = 4; n.i.	$\chi^2 = 1,506$; df = 4; n.i.
Jakość produktów dostępnych w sklepach	$\chi^2 = 9,145$; df = 4; n.i.	$\chi^2 = 6,265$; df = 4; n.i.	$\chi^2 = 7,783$; df = 4; n.i.
Umiejętności kulinarne	$\chi^2 = 5,066$; df = 4; n.i.	$\chi^2 = 6,949$; df = 4; n.i.	$\chi^2 = 7,642$; df = 4; n.i.

Poszukując istotnych statystycznie zależności między piciem mleka a postrzeganymi uwarunkowaniami zachowań związanych z odżywianiem, odnotowano współzależność między stwierdzeniem „na sposób odżywiania ma wpływ sytuacja materialna" oraz częstym piciem mleka, będącym wskaźnikiem korzystnych dla zdrowia zachowań żywieniowych (por. tab. 35).

Tabela 35. Deklaracja gimnazjalistów „Często piję mleko" a postrzegany wpływ czynników warunkujących sposób odżywiania się (rozkład odpowiedzi w tabeli krzyżowej)

Często piję mleko	Na sposób odżywiania ma wpływ sytuacja materialna							
	Nie, raczej nie		Trudno powiedzieć		Tak, raczej tak		Ogółem	
	częstość	%	częstość	%	częstość	%	częstość	%
Nie, raczej nie	17	29,3	9	23,1	12	13,2	38	20,2
Trudno powiedzieć	11	19	10	25,6	13	14,3	34	18,1
Tak, raczej tak	30	51,7	20	51,3	66	72,5	116	61,7
Ogółem	58	100	39	100	91	100	188	100

Analizując istotną statystycznie zależność między prozdrowotnym zachowaniem określonym jako częste picie mleka a postrzeganym przez młodzież gimnazjalną wpływem sytuacji materialnej na sposób odżywiania, warto zwrócić uwagę na grupę ponad 35% badanych deklarujących częste picie mleka i dostrzegających jednocześnie wpływ sytuacji materialnej na zachowania związane z odżywianiem się (por. tab. 35). Ta grupa 66 badanych gimnazjalistów stanowi niemal 3/4 dostrzegających znaczenie sytuacji materialnej dla sposobu odżywiania. Można przypuszczać, że mleko postrzegane jest jako nie tylko zdrowy, ale i względnie tani produkt spożywczy, co przyczynia się do większego jego spożycia wśród mniej zamożnych konsumentów.

Tabela 36. „Codziennie jem owoce i warzywa" jako przykład zachowania prozdrowotnego a postrzegany wpływ czynników kształtujących zachowania żywieniowe (ocena istotności statystycznej zależności za pomocą testu chi-kwadrat Pearsona)

„Codziennie jem owoce i warzywa" a postrzegany wpływ czynników kształtujących zachowania żywieniowe			
	Gimnazjaliści N = 188	Studenci N = 84	Ogółem N = 272
Wzorce wyniesione z domu	$\chi^2 = 7{,}118$; df = 4; n.i.	$\chi^2 = 10{,}258$; df = 4; $p < 0{,}05$	$\chi^2 = 7{,}683$; df = 4; n.i.
Reklama	$\chi^2 = 2{,}025$; df = 4; n.i.	$\chi^2 = 6{,}742$; df = 4; n.i.	$\chi^2 = 4{,}444$; df = 4; n.i.
Rówieśnicy	$\chi^2 = 1{,}946$; df = 4; n.i.	$\chi^2 = 6{,}553$; df = 4; n.i.	$\chi^2 = 2{,}302$; df = 4; n.i.
Szybkie tempo życia	$\chi^2 = 3{,}508$; df = 4; n.i.	$\chi^2 = 0{,}585$; df = 4; n.i.	$\chi^2 = 2{,}925$; df = 4; n.i.
Moda na spożywanie określonych produktów	$\chi^2 = 7{,}390$; df = 4; n.i.	$\chi^2 = 1{,}913$; df = 4; n.i.	$\chi^2 = 5{,}755$; df = 4; n.i.
Programy telewizyjne o dietach, odchudzaniu	$\chi^2 = 5{,}933$; df = 4; n.i.	$\chi^2 = 2{,}528$; df = 4; n.i.	$\chi^2 = 5{,}120$; df = 4; n.i.
Moda na diety, odchudzanie	$\chi^2 = 1{,}466$; df = 4; n.i.	$\chi^2 = 3{,}750$; df = 4; n.i.	$\chi^2 = 3{,}221$; df = 4; n.i.
Celebryci	$\chi^2 = 2{,}140$; df = 4; n.i.	$\chi^2 = 7{,}076$; df = 4; n.i.	$\chi^2 = 4{,}079$; df = 4; n.i.
Sytuacja materialna	$\chi^2 = 4{,}378$; df = 4; n.i.	$\chi^2 = 2{,}187$; df = 4; n.i.	$\chi^2 = 4{,}880$; df = 4; n.i.
Dążenie do atrakcyjności fizycznej	**$\chi^2 = 10{,}998$; df = 4; $p < 0{,}05$**	$\chi^2 = 4{,}061$; df = 4; n.i.	**$\chi^2 = 13{,}870$; df = 4; $p < 0{,}01$**
Jakość produktów dostępnych w sklepach	$\chi^2 = 6{,}390$; df = 4; n.i.	$\chi^2 = 4{,}910$; df = 4; n.i.	$\chi^2 = 9{,}367$; df = 4; n.i.
Umiejętności kulinarne	$\chi^2 = 0{,}801$; df = 4; n.i.	$\chi^2 = 7{,}231$; df = 4; n.i.	$\chi^2 = 3{,}376$; df = 4; n.i.

Spożywanie owoców i warzyw to jeden z najważniejszych wskaźników zdrowego odżywiania. Poszukiwanie uwarunkowań sięgania po owoce i warzywa wydaje się istotne z punktu widzenia organizowania edukacji żywieniowej w różnych grupach społecznych. Spośród postrzeganych czynników warunkujących sposób odżywiania istotna statystycznie okazała się zależność między przypisywaniem znaczenia dążeniu do atrakcyjności fizycznej a konsumpcją owoców i warzyw. Zależność ta nie jest jednak istotna statystycznie w grupie studentów.

Tabela 37. Deklaracja gimnazjalistów „Codziennie jem owoce i warzywa" a postrzegany wpływ czynników warunkujących sposób odżywiania się (rozkład odpowiedzi w tabeli krzyżowej)

Codziennie jem owoce i warzywa	Na sposób odżywiania ma wpływ dążenie do atrakcyjności fizycznej							
	Nie, raczej nie		Trudno powiedzieć		Tak, raczej tak		Ogółem	
	częstość	%	częstość	%	częstość	%	częstość	%
Nie, raczej nie	6	21,4	5	27,8	28	19,7	39	20,7
Trudno powiedzieć	8	28,6	7	38,9	20	14,1	35	18,6
Tak, raczej tak	14	50	6	33,3	94	66,2	114	60,6
Ogółem	28	100	18	100	142	100	188	100

W tabeli 37 przedstawiono zależność między konsumpcją owoców i warzyw przez badanych gimnazjalistów a dążeniem do atrakcyjności fizycznej postrzeganym jako czynnik warunkujący sposób odżywiania. Z analizy danych wynika, że połowa badanej młodzieży gimnazjalnej deklaruje codzienne spożywanie owoców i warzyw, jednocześnie pozytywnie ustosunkowując się do stwierdzenia, że na sposób odżywiania ma wpływ dążenie do atrakcyjności fizycznej. Ponadto warto zauważyć, że gimnazjaliści spożywający codziennie owoce i warzywa stanowią 2/3 osób przekonanych o wpływie dążenia do atrakcyjności fizycznej. Można przypuszczać, że jednym z motywów sięgania po owoce i warzywa jest przekonanie badanej młodzieży, że produkty te nie tylko zapewniają zdrowie, ale także pożądaną wśród młodych ludzi atrakcyjność fizyczną, urodę, szczupłą sylwetkę. Taką argumentację warto popierać, projektując programy prozdrowotnej edukacji żywieniowej. Jednak dążenie do atrakcyjności fizycznej nie dla wszystkich badanych gimnazjalistów jest wystarczającym motywem do sięgania po owoce i warzywa. Może o tym świadczyć fakt, że połowa z grupy wątpiących w znaczenie dla sposobu odżywiania dążenia do atrakcyjności fizycznej deklaruje stosowanie diety bogatej w te zdrowe produkty.

Tabela 38. „Jem regularnie 4–5 razy dziennie" jako przykład zachowania prozdrowotnego a postrzegany wpływ czynników kształtujących zachowania żywieniowe (ocena istotności statystycznej zależności za pomocą testu chi-kwadrat Pearsona)

„Jem regularnie 4–5 razy dziennie" a postrzegany wpływ czynników kształtujących zachowania żywieniowe			
	Gimnazjaliści N = 188	Studenci N = 84	Ogółem N = 272
Wzorce wyniesione z domu	**$\chi^2 = 9,457$; df = 4; $p < 0,05$**	$\chi^2 = 1,755$; df = 4; n.i.	$\chi^2 = 6,885$; df = 4; n.i.
Reklama	$\chi^2 = 7,801$; df = 4; n.i.	$\chi^2 = 1,598$; df = 4; n.i.	$\chi^2 = 7,574$; df = 4; n.i.
Rówieśnicy	$\chi^2 = 4,635$; df = 4; n.i.	$\chi^2 = 7,786$; df = 4; n.i.	$\chi^2 = 4,472$; df = 4; n.i.
Szybkie tempo życia	$\chi^2 = 7,632$; df = 4; n.i.	$\chi^2 = 6,893$; df = 4; n.i.	$\chi^2 = 3,998$; df = 4; n.i.
Moda na spożywanie określonych produktów	$\chi^2 = 3,365$; df = 4; n.i.	$\chi^2 = 1,207$; df = 4; n.i.	$\chi^2 = 2,763$; df = 4; n.i.
Programy telewizyjne o dietach, odchudzaniu	$\chi^2 = 5,110$; df = 4; n.i.	$\chi^2 = 4,269$; df = 4; n.i.	$\chi^2 = 5,537$; df = 4; n.i.
Moda na diety, odchudzanie	$\chi^2 = 3,757$; df = 4; n.i.	$\chi^2 = 1,033$; df = 4; n.i.	$\chi^2 = 5,340$; df = 4; n.i.
Celebryci	$\chi^2 = 1,621$; df = 4; n.i.	$\chi^2 = 6,740$; df = 4; n.i.	$\chi^2 = 1,251$; df = 4; n.i.
Sytuacja materialna	$\chi^2 = 2,238$; df = 4; n.i.	$\chi^2 = 7,325$; df = 4; n.i.	$\chi^2 = 2,714$; df = 4; n.i.
Dążenie do atrakcyjności fizycznej	$\chi^2 = 4,842$; df = 4; n.i.	$\chi^2 = 4,964$; df = 4; n.i.	$\chi^2 = 5,105$; df = 4; n.i.
Jakość produktów dostępnych w sklepach	$\chi^2 = 5524$; df = 4; n.i.	$\chi^2 = 5,201$; df = 4; n.i.	$\chi^2 = 3,756$; df = 4; n.i.
Umiejętności kulinarne	**$\chi^2 = 12,882$; df = 4; $p < 0,05$**	$\chi^2 = 2,940$; df = 4; n.i.	**$\chi^2 = 10,632$; df = 4; $p < 0,05$**

Badanie zależności między regularnością spożywanych posiłków, będącą wskaźnikiem korzystnych dla zdrowia zachowań żywieniowych, a postrzeganiem wpływu różnych czynników warunkujących sposób odżywiania wykazało istotnie statystyczny wynik testu chi-kwadrat w odniesieniu do przypisywania znaczenia wzorcom wyniesionym z domu oraz umiejętnościom kulinarnym (por. tab. 39).

Tabela 39. Deklaracja gimnazjalistów „Jem regularnie 4–5 razy dziennie" a postrzegany wpływ czynników warunkujących sposób odżywiania się (rozkład odpowiedzi w tabeli krzyżowej)

Jem regularnie 4–5 razy dziennie	Na sposób odżywiania mają wpływ wzorce wyniesione z domu							
	Nie, raczej nie		Trudno powiedzieć		Tak, raczej tak		Ogółem	
	częstość	%	częstość	%	częstość	%	częstość	%
Nie, raczej nie	20	10,6	13	6,9	36	19,1	69	36,7
Trudno powiedzieć	5	2,7	7	3,7	31	16,5	43	22,9
Tak, raczej tak	10	5,3	11	5,9	55	29,3	76	40,4
Ogółem	35	18,6	31	16,5	122	64,9	188	100
Jem regularnie 4–5 razy dziennie	Na sposób odżywiania mają wpływ umiejętności kulinarne							
	Nie, raczej nie		Trudno powiedzieć		Tak, raczej tak		Ogółem	
	częstość	%	częstość	%	częstość	%	częstość	%
Nie, raczej nie	28	14,9	8	4,3	33	17,6	69	36,7
Trudno powiedzieć	10	5,3	10	5,3	23	12,2	43	22,9
Tak, raczej tak	16	8,5	7	3,7	53	28,2	76	40,4
Ogółem	54	28,7	25	13,3	109	58	188	100

Analiza danych zawartych w tabeli 39 pokazała, że blisko 30% badanej młodzieży gimnazjalnej deklaruje regularne spożywanie posiłków, twierdząc jednocześnie, że na sposób odżywiania mają wpływ wzorce wyniesione z domu. Należy zauważyć, że gimnazjaliści przekonani o wpływie wzorców wyniesionych z domu stanowią prawie 3/4 grupy osób odżywiających się w sposób regularny. Można przypuszczać, że zdrowe odżywianie gimnazjalistów, którego wskaźnikiem jest regularność posiłków związana jest z faktem, że są to osoby mieszkające w domu rodzinnym, w którym przykłada się dużą uwagę do zdrowego stylu życia.

Istotną statystycznie zależność między regularnością spożywania codziennych posiłków a postrzeganym wpływem umiejętności kulinarnych dla sposobu odżywiania potwierdza również analiza danych zawartych w tabeli 39. Osoby odżywiające się w sposób regularny twierdzą najczęściej, że umiejętności kulinarne są ważne z punktu widzenia sposobu odżywiania się. Oznacza to, że gimnazjaliści samodzielnie przygotowujący posiłki prawdopodobniej odżywiają się w bardziej regularny sposób niż ci, którzy spożywają dania przygotowane przez innych domowników czy stołują się poza domem.

Analizując zależności między postrzeganymi czynnikami wpływu społecznego na sposób odżywiania a zachowaniami żywieniowymi, warto zwrócić uwagę, że czynniki te mogą mieć charakter zarówno pozytywny, jak i negatywny. Podobne wnioski nasuwają się z analizy badań innych autorów. Przykładem może być **wpływ środowiska rodzinnego.** Liczne badania potwierdzające znaczenie pierwotnej edukacji żywieniowej w rodzinie pochodzenia [Białokoz-Kalinowska i in. 2006; Jeżewska-Zychowicz 2007; Gozdek N., Gozdek D. S. 2004] pozwalają przypuszczać, że prawidłowe nawyki żywieniowe w postaci regularnie spożywanych posiłków stanowią wzór zachowań żywieniowych przejęty od rodziców. W badaniach prowadzonych na grupie młodzieży warszawskiej stwierdzono na przykład, że „środowisko rodzinne istotnie statystycznie warunkowało liczbę spożywanych w ciągu dnia posiłków" [Jeżewska-Zychowicz 2005, s. 108]. Wraz z wiekiem rośnie krytyka sposobu odżywiania się członków rodziny [Jeżewska-Zychowicz 2005, s. 64]. Młodzież staje się coraz bardziej świadoma, że wzorce zachowań prezentowane przez rodziców nie zawsze są właściwe. Prawdopodobnie respondenci przyznający się do nadmiernej konsumpcji słodyczy zdają sobie sprawę, że ten niezdrowy nawyk utrwalony został w rodzinie. W literaturze przedmiotu analizuje się wpływ społeczny innych negatywnych czynników rodzinnych kształtujących zachowania żywieniowe dzieci i młodzieży. Z perspektywy pedagogicznej warto zwrócić uwagę na zjawisko przymuszania dzieci do jedzenia, które może przyczynić się do postrzegania posiłku jako kary, a w konsekwencji do zaburzeń odżywiania [Jeżewska-Zychowicz 2005, s. 116].

Reklama jako postrzegany przez młodzież czynnik sposobu odżywiania w badaniach własnych współwystępował z częstym sięganiem po słodycze. Z dociekań prowadzonych przez Annę Kołłajtis-Dołowy wynika, że wpływ reklamy na zachowania żywieniowe młodzieży może mieć charakter zarówno pozytywny, jak i negatywny. Zauważyła ona również, że „grupa młodzieży podatnej na reklamę była bardziej od innych świadoma oddziaływania reklamy na zachowania żywieniowe, jak również bardziej wobec niej krytyczna". Ponadto autorka wykazała, że młodzież pod wpływem reklamy częściej sięga po słodycze i fast foody, ale też deklaruje spożywanie owoców i warzyw oraz ryb gotowanych [Kołłajtis-Dołowy 2010, s. 178–183]. Na znaczenie reklamy w kształtowaniu niewłaściwych nawyków żywieniowych u dzieci zwrócono uwagę w badaniach prowadzonych w Białymstoku. Zauważono, że uczniowie szkoły podstawowej jedzą w ciągu dnia przede wszystkim artykuły znane z reklamy, ale, niestety, dominują wśród nich produkty niezdrowe bogate w cukry i tłuszcze, przeznaczone jedynie do sporadycznego spożycia [Niesiobędzka 2007, s. 32–37].

Ważnym czynnikiem kształtującym zachowania żywieniowe młodzieży może być **moda.** Jest ona elementem kulturowych wpływów, jednak w odróżnieniu od tradycji i obyczajów – szybciej zmieniającym się [Jeżewska-Zychowicz 2007, s. 42]. W badaniach własnych, osoby przypisujące modzie wpływ na spożywanie określonych produktów, jednocześnie często sięgały po produkty typu *fast food*. W literaturze podkreśla się również inne sposoby odżywiania związane z uleganiem różnym modom, np. dietę wegetariańską czy dietę 1000 kalorii. Obserwuje się również, że „niemodne" jest picie mleka. Brak zachęty do spożywania mleka wspierany jest naukowymi argumentami jego przeciwników, którzy próbują przekonać opinię publiczną o tym, że mleko w diecie człowieka nie tylko nie jest potrzebne, ale wręcz szkodliwe dla zdrowia. Przeciwnikami picia mleka są również wegetarianie [Wosińska 2006, s. 28–32].

7.3. PODSUMOWANIE

Postrzeganie wpływu różnych czynników na sposób odżywiania nie jest jednoznaczne z oddziaływaniem tych czynników. Można jednak przypuszczać, że osobiste przekonania na temat uwarunkowań zachowań zdrowotnych związanych z odżywianiem stanowią ważny element świadomości zdrowotnej, będącej predyktorem zachowań żywieniowych.

W opinii badanych, spośród czynników bliższego otoczenia wzorce wyniesione z domu mają większe znaczenie dla kształtowania się zachowań żywieniowych niż wpływ grupy rówieśniczej. W przypadku gimnazjalistów istnieje istotnie statystyczna zależność między postrzeganiem znaczenia wzorców rodzinnych a regularnością posiłków. Przypisywanie znaczenia środowisku rodzinnemu w kształtowaniu zachowań żywieniowych współwystępuje również z częstym sięganiem po słodycze. Respondenci przyznający się do jedzenia dużych ilości słodyczy są również przekonani o wpływie reklamy na sposób odżywiania, natomiast młodzież często sięgająca po fast foody duże znaczenie przypisuje wpływowi mody na spożywanie pewnych produktów. Osoby przejawiające niekorzystne dla zdrowia zachowania żywieniowe (nadmierna konsumpcja słodyczy, częste picie kawy) statystycznie częściej niż osoby reprezentujące zdrowy sposób odżywiania zwracają uwagę na szybkie tempo życia jako czynnik warunkujący prozdrowotne nawyki żywieniowe.

W dalszych badaniach oraz podejmowanych działaniach edukacyjnych warto zwrócić uwagę na bardziej efektywne gospodarowanie czasem, które może być ważnym czynnikiem kształtującym korzystne dla zdrowia sposoby odżywiania. Młodzież deklarująca częste spożywanie owoców i warzyw twierdzi, że na sposób odżywiania ma wpływ dążenie do atrakcyjności fizycznej. Zdrowe odżywianie i pozytywna samoocena własnego wyglądu to czynniki, które z pewnością wymagają dalszych analiz oraz zainteresowania ze strony pedagogów-praktyków. Warto podkreślić również znaczenie sytuacji materialnej jako czynnika zachowań związanych z odżywianiem. Badana młodzież nie tylko dostrzega znaczenie czynnika ekonomicznego dla podejmowania zachowań żywieniowych. Widoczne jest również współwystępowanie postrzeganego wpływu sytuacji materialnej oraz niektórych sposobów odżywiania.

Analiza wyników badań ujawniła wiele możliwych zależności między zachowaniami żywieniowymi a czynnikami związanymi z wpływem społecznym rodziny, grupy rówieśniczej, reklamy, mody, mediów itp. Ich ocena jako predyktorów sposobu odżywiania wymaga dalszych badań, uwzględniających nie tylko przekonania o znaczeniu tych czynników w opinii respondentów, ale również wykorzystanie standaryzowanych narzędzi badawczych.

Rozdział VIII
Podsumowanie i wnioski

Analiza wyników przeprowadzonych badań potwierdziła złożoność uwarunkowań zachowań żywieniowych w kontekście edukacji zdrowotnej. Niepokojąca jest nie tylko skala niekorzystnych dla zdrowia zachowań związanych z odżywianiem, ale również ich skutki dla rozwoju psychospołecznego. Konsekwencje niewłaściwego odżywiania to nie tylko choroby, ale i trudności w uczeniu się, funkcjonowaniu społecznym, problemy emocjonalne. Zainteresowanie pedagogów zachowaniami żywieniowymi dzieci i młodzieży wynika także z możliwości oddziaływania na ich uwarunkowania w procesie edukacji. Socjalizacja wartości, przekonań, norm związanych ze sposobem odżywiania, kształtowanie umiejętności życiowych, oddziaływanie na środowisko wychowawcze to najważniejsze zadania edukacji, którą można określić jako „żywieniowa".

Podsumowując rezultaty przeprowadzonych badań, warto zastanowić się nad:

1. Możliwościami zapobiegania niekorzystnym dla zdrowia zachowaniom żywieniowym analizowanym w zależności od wieku i płci młodzieży.

Najczęstsze błędy dotyczące sposobu odżywiania się badanej młodzieży (które z podobną częstością wykazywali gimnazjaliści i studenci) związane były z nadmierną konsumpcją słodyczy oraz brakiem regularności spożywanych posiłków. Niektóre, niekorzystne dla zdrowia, zachowania żywieniowe częściej deklarowali jednak gimnazjaliści. Większym problemem niż korzystanie z fast foodów okazała się nadmierna konsumpcja chipsów i batonów, prawdopodobnie kupowanych przez młodzież w szkolnych sklepikach czy automatach. Oprócz zajęć poświęconych edukacji żywieniowej istotna wydaje się kontrola nad produktami spożywczymi sprzedawanymi bezpośrednio w szkołach.

Płeć okazała się czynnikiem różnicującym w sposób istotny statystycznie tylko niektóre zachowania żywieniowe. Mężczyźni i chłopcy częściej niż studentki i gimnazjalistki korzystali z fast foodów, ale częściej też pili mleko. Zagrożenia zdrowia związane z zachowaniami żywieniowymi nie są zależne od płci. Płeć różnicuje jednak stopień zadowolenia z własnego wyglądu. Dziewczęta, które częściej postrzegają się jako zbyt grube, mogą być bardziej narażone na podejmowanie ryzykownych dla zdrowia diet. W grupie młodzieży gimnazjalnej dziewczęta ponaddwukrotnie częściej niż chłopcy deklarowały chęć schudnięcia, co najprawdopodobniej związane jest z uleganiem modzie na szczupłą sylwetkę. Chłopcy natomiast dwukrotnie częściej przyznawali się do chęci zwiększenia masy ciała, co wynika prawdopodobnie z chęci uzyskania muskularnej budowy. Płeć badanych jest czynnikiem różnicującym w sposób istotny statystycznie podejmowanie działań związanych z redukcją masy ciała. Gimnazjalistki i studentki częściej niż ich koledzy deklarowały ograniczanie się w jedzeniu, eksperymentowanie z dietami oraz odchudzanie się. Programy edukacji żywieniowej skierowane do dziewcząt powinny być powiązane z profilaktyką zaburzeń odżywiania, takich jak anoreksja, bulimia. Działania edukacyjne prowadzone wśród chłopców powinny uwzględniać ryzyko stosowania substancji sterydowych w celu zwiększenia masy ciała.

2. Konkretyzacją „wartości zdrowie" dla potrzeb realizacji szkolnych programów wychowawczych uwzględniających promowanie prozdrowotnych zachowań żywieniowych.

Zdrowie jest cenione zarówno w systemie wartości badanych gimnazjalistów, jak i studentów – zajmuje wysoką drugą pozycję, ustępując jedynie wartości „miłość, przyjaźń". Ocena rangi „wartości zdrowie" badanych gimnazjalistów koreluje dodatnio ze spostrzeganą oceną tej wartości w rodzinie pochodzenia i w grupie rówieśniczej. Młodzież jest zatem świadoma, że wartości związane ze zdrowiem nabywane są w procesie socjalizacji. Z analizy zależności między rangą przypisywaną zdrowiu jako wartości oraz oceną własnych zachowań żywieniowych wynika, że tylko jedna zależność jest istotna statystycznie. Osoby wysoko ceniące zdrowie ostrożniej podchodzą do eksperymentowania z dietami.

3. Możliwościami poszerzenia wiedzy żywieniowej przez szkolną edukację żywieniową oraz wskazywania pozaszkolnych źródeł wiedzy na temat zdrowego odżywiania.

Gimnazjaliści przypisują wartości prozdrowotne sposobom odżywiania uznawanym powszechnie za tradycyjne. W rankingu zachowań żywieniowych mających właściwości prozdrowotne czołowe pozycje zajmują: picie mleka, spożywanie domowych obiadów, tradycyjna polska kuchnia. Również studenci za korzystne dla zdrowia uważają spożywanie domowych obiadów i picie mleka; wyżej od domowych posiłków cenią sobie dietę śródziemnomorską, co jest wyrazem ich większej świadomości zdrowotnej. Nie tylko wiek, ale również płeć jest czynnikiem różnicującym przekonania na temat prozdrowotnych właściwości wybranych sposobów odżywiania. W opinii gimnazjalistek i studentek zdrowe są diety wegetariańskie. Mężczyźni bardziej ufają prozdrowotnym właściwościom tradycyjnych sposobów odżywiania się – statystycznie częściej twierdzili, że zdrowe jest tradycyjne polskie jedzenie, domowe obiady oraz mleko. Poszukując informacji na temat zdrowego odżywiania, badana młodzież jako źródło wiedzy częściej wybierała programy telewizyjne niż publikacje książkowe i czasopisma. Większą aktywność w tym zakresie wykazywali studenci. Edukacja żywieniowa w szkołach mogłaby rozbudzić zainteresowania młodzieży zdrowym odżywianiem oraz poszerzyć wiedzę żywieniową, która ma charakter raczej tradycyjny.

4. Praktycznym wykorzystaniem w procesie edukacji żywieniowej analizy zależności między postrzeganym przez młodzież wpływem czynników

socjokulturowych kształtujących zachowania żywieniowe oraz deklarowanymi sposobami odżywiania.

Studenci częściej niż gimnazjaliści dostrzegają wpływ różnych czynników społecznych na sposób odżywiania. Większe znaczenie niż gimnazjaliści przywiązują do oddziaływania na zachowania żywieniowe takich czynników, jak: wzorce wyniesione z domu, wpływ rówieśników, dążenie do atrakcyjności fizycznej, szybkie tempo życia, sytuacja materialna, moda na różne diety, moda na spożywanie niektórych produktów, reklama. Przekonania na temat wpływu wybranych czynników środowiskowych na sposób odżywiania mogą mieć zarówno pozytywne, jak i negatywne znaczenie dla podejmowania zachowań żywieniowych. Wraz ze wzrostem przekonania o wpływie wzorców wyniesionych z domu wzrasta regularność posiłków w grupie badanych gimnazjalistów, ale również częstość picia kawy w grupie badanych studentów. Przekonanie o wpływie rówieśników na sposób odżywiania koreluje ujemnie z samooceną wyglądu oraz dodatnio z chęcią schudnięcia i podejmowaniem konkretnych działań związanych z redukcją wagi. Wpływ rówieśników wydaje się czynnikiem niekorzystnym z punktu widzenia zdrowego odżywiania się zarówno gimnazjalistów, jak i studentów. Przekonanie o znaczeniu dążenia do atrakcyjności fizycznej dla sposobu odżywiania koreluje dodatnio z chęcią redukcji wagi. W przypadku gimnazjalistów może być też czynnikiem pozytywnym ze względu na współwystępowanie częstego spożycia owoców i warzyw.

Postrzegany wpływ mediów na zachowania związane z odżywianiem ma charakter niejednoznaczny. Gimnazjaliści przekonani o wpływie reklamy na sposób odżywiania jedli dużo słodyczy, ale też deklarowali częste spożywanie owoców warzyw, co może być efektem reklam społecznych promujących zdrowy sposób odżywiania się. W przypadku studentów dostrzeganie znaczenia reklamy koreluje ujemnie z konsumpcją słodyczy. Taka zależność może być przejawem opisywanego w psychologii społecznej „efektu trzeciej osoby", polegającego na dostrzeganiu wpływu społecznego reklamy, ale na zachowania innych, nie na własne [Doliński 2003, s. 14].

Zakończenie
Strategie rozwijania prozdrowotnej edukacji żywieniowej (na różnych etapach Modelu Planowanego Zachowania)

Analiza zachowań żywieniowych młodzieży w kontekście ich złożonych uwarunkowań podmiotowych i socjokulturowych ujawniła potrzebę intensyfikacji działań związanych z prozdrowotną edukacją żywieniową.

Edukacja żywieniowa rozumiana jako nieodłączny element edukacji zdrowotnej to „proces, [w] którym ludzie uczą się zastosowania w codziennej praktyce wiedzy o żywności i żywieniu, opartej na aktualnych i pewnych wynikach badań naukowych, z uwzględnieniem indywidualnych potrzeb" [Woynarowska 2007, s. 296].

Proces ten wymaga przyjęcia strategii edukacyjnych oddziałujących nie tylko w sposób bezpośredni na zachowania, ale także na sferę przekonań, wartości, norm dotyczących zdrowego odżywiania się. Ważnym zadaniem edukacji żywieniowej jest kształtowanie motywacji prozdrowotnej oraz umiejętności życiowych, takich jak samoocena, asertywność, poczucie sprawstwa. Mając na uwadze fakt kształtowania nawyków żywieniowych przez szeroko rozumiany wpływ społeczny, edukacja żywieniowa powinna mieć charakter edukacji środowiskowej, uwzględniającej współdziałanie różnych podmiotów: rodziny, szkoły, środowiska lokalnego, mediów, Kościoła, służby zdrowia, zakładów pracy itp. [por. Winiarski 2000].

Strategie edukacji żywieniowej można rozpatrywać w kontekście strategii kształtowania zachowań zdrowotnych. Opierając się na koncepcji Bennetta i Murphy'ego [1997], Barbara Jacennik wyróżniła 4 ogólne strategie: kształtowanie przekonań, wartości i norm dotyczących zdrowia i zachowań zdrowotnych; uczenie umiejętności (życiowych oraz zachowań zdrowotnych); kształtowanie środowiska (będącego źródłem subiektywnych norm leżących u podstaw indywidualnych zachowań zdrowotnych); opieka nad grupami zagrożonymi zachowaniami antyzdrowotnymi [Jacennik 2008, s. 52].

Wyróżnione strategie można przyporządkować elementom Modelu Planowanego Zachowania I. Ajzena, który stanowi podstawę analizy uwarunkowań zachowań żywieniowych młodzieży przedstawionej w niniejszej pracy.

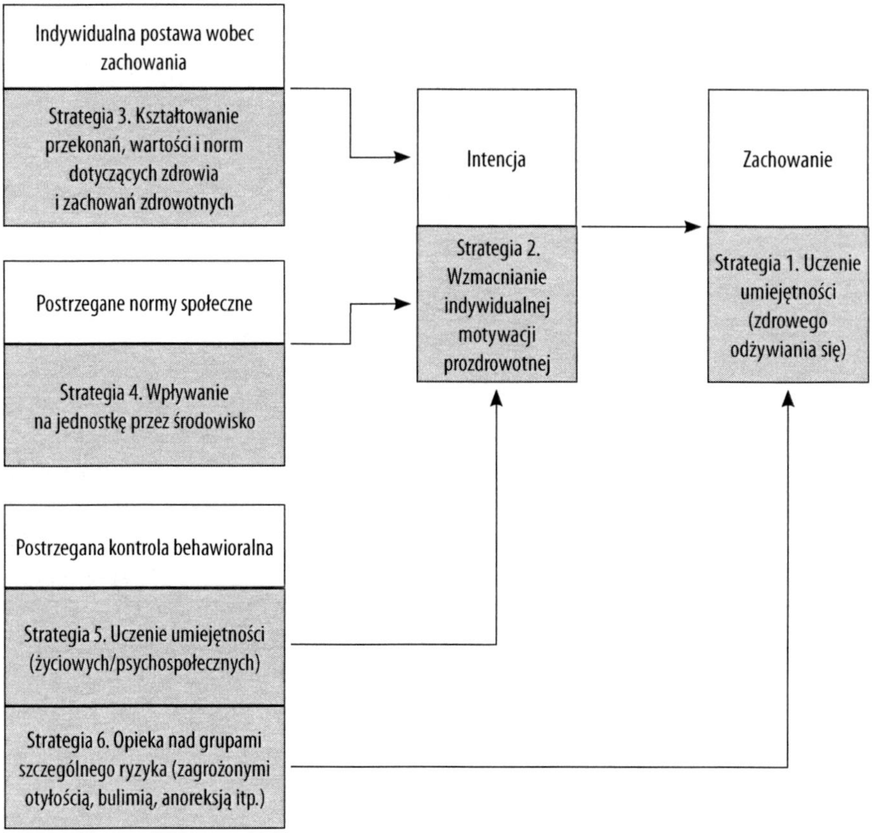

Rys. 12. Strategie kształtowania zachowań żywieniowych jako zachowań zdrowotnych w Modelu Planowanego Zachowania

Źródło: Opracowanie własne według B. Jacennik, *Strategie dla zdrowia. Kształtowanie zachowań zdrowotnych przez środowisko*, VIZJA PRESS & IT, Warszawa 2008, s. 52–65 oraz I. Heszen, H. Sęk, *Psychologia zdrowia*, PWN, Warszawa 2007, s. 126.

Koncentrując działania związane z edukacją żywieniową na sferze zachowań, prozdrowotne oddziaływania zostałyby ograniczone do uczenia umiejętności przygotowywania zdrowych posiłków (umiejętności kulinarnych) oraz umiejętności planowania codziennej diety (strategia 1). Nie można jednak oddzielić sfery kształtowania umiejętności od wiedzy żywieniowej, przekonań, norm, wartości, motywacji prozdrowotnej czy samooceny własnych możliwości związanych np. ze zmianą diety na bardziej korzystną dla zdrowia [Jacennik 2008, s. 57].

Na poziomie intencji behawioralnej warto zwrócić uwagę na konieczność wzmacniania indywidualnej motywacji prozdrowotnej (strategia 2). Strategia ta może się wiązać z modyfikacją przekonań dotyczących kontroli nad własnym zdrowiem – przez ukazywanie, że długość i jakość życia nie jest kwestią przypadku, genetyki, zrządzenia losu, opatrzności. Dlatego warto dbać o swoje zdrowie, np. stosując odpowiednią dietę. Działania edukacyjne podejmowane w celu modyfikacji przekonań dotyczących kontroli zdrowia związane są z postrzeganą kontrolą behawioralną (strategie 5 i 6). Motywacja prozdrowotna jest również pochodną przekonań i doświadczeń, także tych związanych ze sposobem odżywiania oraz indywidualnych norm i wartości. Kształtowanie przekonań, wartości i norm dotyczących zdrowia i zachowań zdrowotnych (strategia 3) odbywa się głównie przez dostarczanie informacji. Źródłem informacji na temat zdrowego odżywiania może być rodzina, szkoła, służba zdrowia, media. Treści, środki i formy przekazu powinny być dopasowane do wieku, wykształcenia, sytuacji życiowej odbiorcy. Oprócz informowania ważnym sposobem kształtowania przekonań, norm i wartości związanych ze zdrowym odżywianiem jest modelowanie. Przykład osób znaczących w przypadku dzieci i młodzieży wydaje się szczególnie ważną strategią prozdrowotnej edukacji żywieniowej [Jeżewska-Zychowicz 2005, s. 44–46]. Naśladowanie prawidłowych zachowań żywieniowych rodziców, rówieśników, nauczycieli, idoli to ważny sposób kształtowania przekonań, norm, wartości związanych ze zdrowym odżywianiem i samych zachowań żywieniowych. Niestety, na ogół środowisko rodzinne, szkolne czy rówieśnicze nie stanowi dobrego wzoru do naśladowania zachowań żywieniowych. Młodzież nie otrzymuje również poprawnych wskazań w tym zakresie, obserwując zachowania swoich idoli w mediach [Kołłajtis-Dołowy 2010, s. 25].

Ważnym elementem edukacji żywieniowej powinno być oddziaływanie na środowisko (strategia 4). Barbara Jacennik podkreśla m.in. znaczenie uczenia zasad zdrowego żywienia matek, kreowanie mody na zdrowe żywienie w mediach i prasie, ograniczenie kampanii promocyjnych skierowanych do dzieci, zredukowanie sprzedaży niezdrowej żywności w szkołach [Jacennik 2008, s. 124–128].

Powyższy model edukacji żywieniowej stanowi próbę ukazania różnorodnych działań, które mogą przyczynić się nie tylko do poprawy zdrowia dzieci i młodzieży, ale również pośrednio do prawidłowego funkcjonowania psychospołecznego, zwiększenia osiągnięć szkolnych, a także odnoszenia sukcesów w różnych dziedzinach życia.

Oprócz realizacji różnych działań związanych ze szkolną edukacją żywieniową oraz innych projektów we współpracy z mediami, służbą zdrowia i innymi podmiotami w środowisku lokalnym, warto zastanowić się nad poszerzeniem badań dotyczących uwarunkowań zachowań żywieniowych młodzieży. Wciąż niewystarczająco poznany jest obszar podmiotowych czynników związanych ze sposobem odżywiania się. Pogłębionych analiz wymaga szczególnie rozpoznanie samokontroli, poczucia kontroli zdrowia, samoskuteczności, radzenia sobie ze stresem, optymizmu, samooceny, przymusu oraz budżetu czasu jako predyktorów zachowań żywieniowych.

Spis rysunków i tabel

Literatura

1. Adamczyk G. (2006), *Wybrane aspekty zachowań konsumpcyjnych gospodarstw domowych*, Wydawnictwo Akademii Rolniczej im. Augusta Cieszkowskiego, Poznań.
2. Aronson E., Wilson T. D., Akert R. M. (2006), *Psychologia społeczna*, Wydawnictwo Zysk i S-ka, Poznań.
3. Barloesius E. (1999), *Soziologie des Essens*, Juventa, Weinheim/München.
4. Bartel S. (1996), *Realizacja wartości „pracowitość" a samowiedza i doświadczenia wychowawcze młodzieży*, Trans Humana, Białystok.
5. Beckmann G. (2007), *Odżywianie a gender*, [w:] A. Blickhaeuser, H. von Barger, *Fit for Gender Meinstreaming*, http://www.fit-for-gender.org, Berlin.
6. Bennett P., Murphy S. (1997), *Psychology and health promotion*, Open University Press, Buckingham.
7. Białokoz-Kalinowska I., Konstantynowicz J., Abramowicz P., Piotrowska-Jastrzębska J. (2006), *Uwarunkowania środowiskowe a nawyki żywieniowe młodzieży z regionu Podlasia*, „Pediatria Współczesna. Gastroenterologia, Hepatologia i Żywienie Dziecka", nr 8 (2), s. 117–120.
8. Bielski J. (2010), *Kultura fizyczna w kategoriach wartości*, „Lider. Promocja Zdrowia, Kultura Zdrowotna i Fizyczna", nr 2 (229), s. 5–7.
9. Binkowska-Bury M. (2009), *Zwyczaje żywieniowe młodzieży akademickiej*, [w:] P. Januszewicz, P. Socha, A. Mazur, *Zdrowie publiczne*, cz. 1, *Żywienie w zdrowiu publicznym*, Wydawnictwo Uniwersytetu Rzeszowskiego, Rzeszów, s. 158–169.
10. Bratsch S. (2006), *Jugendesskultur: Bedeutung des Essens fuer Jugendliche im Kontext Familie Und Peergroup*, Paedagogische Hochschule, Heidelberg.
11. Brzozowski P. (2007), *Wzorcowa hierarchia wartości. Polska, europejska, uniwersalna. Psychologiczne badania empiryczne*, Wydawnictwo UMCS, Lublin.
12. Bujko J. (2008), *Podstawy dietetyki*, Wydawnictwo SGGW, Warszawa.
13. Bywalec C., Rudnicki L. (1999), *Podstawy ekonomiki konsumpcyjnej*, AE, Kraków.
14. Charzewska J., Chabros E. (2008), *Praktyczne metody oceny stanu odżywienia uczniów (na podstawie podstawowych pomiarów antropometrycznych, w tym wykrywanie ryzyka rozwoju otyłości, niedożywienia oraz anoreksji i bulimii)*, [w:] M. Jarosz (red.), *Zasady prawidłowego żywienia dzieci i młodzieży oraz wskazówki dotyczące zdrowego stylu życia*, Instytut Żywności i Żywienia, POL-HEALTH, Warszawa, s. 205–216.
15. Cichocka I. (2009), *Ocena relacji pomiędzy determinantami zachowań żywieniowych metodą skalowania wielowymiarowego*, [w:] Z. E. Zieliński (red.), *Rola informatyki w naukach ekonomicznych i społecznych. Innowacje i implikacje interdyscyplinarne*, WSH, Kielce.

16. Cutting T. M., Fisher J. O., Grimm-Thomas K., Birch L. L. (1999), *Like mother, like daughter: familial patterns of overweight are mediated by mothers' dietary disinhibition*, „American Journal of Clinical Nutrition", nr 69 (4), s. 608–613.
17. Dąbrowska A., Babicz-Zielińska E. (2011), *Zachowania konsumentów w stosunku do żywności nowej generacji*, „Hygeia Public Health", nr 46 (1), s. 39–46.
18. De Castro J. M. (1997), *Socio-cultural determinants of meal size and frequency*, „British Journal of Nutrition", nr 77, Supplement 1, s. 39–54.
19. De Irala-Estevez J., Groth M., Johansson L., Oltersdorf U., Prattala R., Martinez-Gonzalez M. A. (2000), *Systematic review of socioeconomic differences in food habits in Europe. Consumption of fruit and vegetables*, „European Journal of Clinical Nutrition", nr 54, s. 706–714.
20. Denek K. (2005), *Ku dobrej edukacji*, „Akapit", Toruń–Leszno.
21. Deutsche Gesellschaft für Ernährung (DGE) (1988): Ernährungsbericht 1988, Frankfurt a. M.
22. Dibsdall L. A., Lambert N., Bobbin R. F., Frewer L. J. (2003), *Low-income consumer' attitudes and behaviour towards access, availability and motivation to eat fruit and vegetables*, „Public Health Nutrition", nr 6 (2), s. 159–168.
23. Diehl J. M. (1999), *Was Kinder essen sollen. Ratschlaege der Fernsehwerbung*, „Ernaehrungsuschau–Sonderheft", nr 40–44.
24. Doliński D. (2003), *Psychologiczne mechanizmy reklamy*, Gdańskie Wydawnictwo Psychologiczne, Gdańsk.
25. Durlak U. (2010), *Źródła pozyskiwania wiedzy z zakresu edukacji prozdrowotnej*, „Promocja Zdrowia, Kultura Zdrowotna i Fizyczna", nr 9 (235), s. 19–21.
26. Dyczewska A. (2006), *Światopogląd na talerzu. Wegetarianizm jako przejaw współczesnej religijności*, Zakład Wydawniczy „Nomos", Kraków.
27. Fauth J. (1999), *Junge Verbraucher in Europa*, M. Wehle, Witterschick/Bonn.
28. Field A. E., Bryn Austin S., Striegel-Moore R., Barr Taylor C., Camargo C. A., Laird N., Colditz G. (2005), *Weight concerns and weight control behaviors of adolescents and their mothers*, „Archives of Pediatric & Adolescent Medicine", nr 159, s. 1121–1126.
29. Fila S. A., Smith Ch. (2006), *Applying the Theory of Planed Behavior to healthy eating behaviors in urban Native American youth*, „International Journal of Behavioral Nutrition and Physical Activity", nr 3 (11).
30. Food Today 6/1998 http://www. eufic.org.
31. Frączek A., Stępień E. (1997), *Zachowania związane ze zdrowiem wśród dorastających a promocja zdrowia*, [w:] W. Z. Ratajczak, I. Heszen-Niejodek (red.), *Promocja zdrowia. Psychologiczne podstawy wdrożeń*, Wydawnictwo Uniwersytetu Śląskiego, Katowice, s. 70–77.
32. Fulkerson J. A., Neumark-Sztainer D., Story M. (2006), *Adolescent and Parent Views of Family Meals*, „Journal of American Dietetic Association", nr 104 (4), s. 526–532.
33. Gacek M. (2008), *Zachowania żywieniowe grupy osób starszych zamieszkałych w Polsce i Niemczech*, „Problemy Higieniczno-Epidemiologiczne", nr 89 (3), s. 401–406.

34. Gajewska D., Myszkowska-Ryciak J. (2006), *Poznaj nowa piramidę żywieniową*, „Biologia w Szkole", nr 4, s. 12–18.
35. Gawęcki J. (2002), *Żywność nowej generacji a racjonalne żywienie*, „Żywność", nr 4 (33), s. 6–14.
36. Gawęcki J., Hryniewiecki L. (2008), *Żywienie człowieka. Podstawy nauki o żywieniu*, Wydawnictwo Naukowe PWN, Warszawa.
37. Gerhards J., Roessel J. (2003), *Ernaehrungsverhalten Jugendlicher im Kontext ihrer Lebensstile. Forschung und Praxis der Gesundheitsfoerderung*, „Bundeszentrale fuer gesundheitliche Aufklaerung", nr 20, Bonn.
38. Giammatei J., Blix G., Marshak H. H., Wollitzer A. O., Pettitt D. J. (2003), *Television watching and soft drink consumption*, „Archives of Pediatric and Adolescent Medicine", nr 157, s. 882–886.
39. Gilbert C. C., Sanchez M. J., Lehoux C., Hegyi A., Hall G., Merino G., Masson A., Fontaine L., Kuti T. (2007), *Qualitative research investigating food choices and preferences of adolescents in Europe*, http://www.helenastudy.com.
40. Giza-Poleszczuk A. (2007), *Problem niedożywienia dzieci w Polsce. Niedożywienie dzieci w Polsce – na drodze do skutecznego rozwiązania problemu. Raport otwarcia*, Danone, s. 5.
41. Gozdek N., Gozdek D. S. (2004), *Identyfikacja wzorów żywieniowych młodzieży szkolnej w kontekście rodziny*, „Annales UMCS", vol. LIV, supl. XIV, s. 193–197.
42. Górna-Łukasik K., Groffik D., Froemel K., Skalin K., Wąsowicz W. (2010), *Aktywny i zdrowy styl życia – wiedza dziewcząt i chłopców w okresie dorastania*, „Wychowanie Fizyczne i Zdrowotne", nr 8/496, s. 11–15.
43. Górniak J., Wachnicki J. (2008), *Pierwsze kroki w analizie danych SPSS for Windows*, SPSS Polska, Warszawa.
44. Grunert S. C. (1993), *Essen und Emotionen: Die Selbstregulierung von Emotionen durch das Essenverhalten*, Psychologie-Verlags-Union, Weinheim.
45. Gurycka A. (1986), *Systemy wartości młodzieży licealnej a oddziaływania szkoły*,Wydawnictwo Uniwersytetu Warszawskiego, Warszawa.
46. Gutowska K., Ozimek I. (2005), *Wybrane aspekty zachowań konsumentów na rynku żywności – kryteria zróżnicowania*, Wydawnictwo SGGW, Warszawa.
47. Heszen-Niejodek I. (1997), *Psychologiczne modele teoretyczne leżące u podstaw promocji zdrowia*, [w:] Z. Ratajczak, I. Heszen-Niejodek (red.), *Promocja zdrowia. Psychologiczne podstawy wdrożeń*, Wydawnictwo UŚ, Katowice.
48. Heszen I., Sęk H. (2007), *Psychologia zdrowia*, PWN, Warszawa.
49. Jacennik B. (2008), *Strategie dla zdrowia. Kształtowanie zachowań zdrowotnych przez środowisko*, Vizja Press&IT, Warszawa.
50. Januszewicz P. (2009), *Rola mediów w żywieniu*, [w:] P. Januszewicz, P. Socha, A. Mazur, *Zdrowie publiczne*, cz. 1, *Żywienie w zdrowiu publicznym*, Wydawnictwo Uniwersytetu Rzeszowskiego, Rzeszów.
51. Jarosz M. (2008), *Zasady prawidłowego żywienia dzieci i młodzieży oraz wskazówki dotyczące zdrowego stylu życia*, Instytut Żywności i Żywienia, Warszawa.

52. Jeżewska-Zychowicz M. (1996), *Zachowania żywieniowe konsumentów a proces edukacji żywieniowej*, Wydawnictwo SGGW, Warszawa.
53. Jeżewska-Zychowicz M. (2005), *Zachowania żywieniowe młodzieży warszawskiej a środowisko społeczne*, Wydawnictwo SGGW, Warszawa.
54. Jeżewska-Zychowicz M. (2007), *Zachowania żywieniowe i ich uwarunkowania*, Wydawnictwo SGGW, Warszawa.
55. Jeżewska-Zychowicz M. (2009), *Preferencje żywieniowe, ich geneza i wpływ na zachowania żywieniowe*, [w:] M. Jeznach (red.), *Nowe trendy w żywności, żywieniu i konsumpcji*, Wydawnictwo SGGW, Warszawa.
56. Jeżewska-Zychowicz M. (2009a), *Wybrane zachowania młodych konsumentów na rynku żywności tradycyjnej i ich uwarunkowania*, „Żywność. Technologia. Jakość", nr 3 (64), s. 126–136.
57. Jeżewska-Zychowicz M., Babicz-Zielińska i in. (2009), *Konsument na rynku nowej żywności. Wybrane uwarunkowania spożycia*, Wydawnictwo SGGW, Warszawa.
58. Juczyński Z. (2001), *Narzędzia pomiaru w promocji i psychologii zdrowia*, Pracownia Testów Psychologicznych Polskiego Towarzystwa Psychologicznego, Warszawa.
59. Kasznia-Kocot J., Zdun J., Słowiński J., Wypych-Ślusarska A., Czech E. (2010), *Zwyczaje żywieniowe i stosowanie diet odchudzających wśród młodzieży gimnazjalnej*, [w:] A. Buczak, I. M. Łukasik, A. Witek (red.), *Edukacja wobec zagrożeń zdrowia. Zdrowa Szkoła – Zdrowy Uczeń. Między teoria a praktyką*, NeroCentrum, Lublin.
60. Kirenko J. (2002), *Wsparcie społeczne osób z niepełnosprawnością*, Wyższa Szkoła Umiejętności Pedagogicznych i Zarządzania, Ryki.
61. Kłosińska A. (2009), *Niejadki i łakomczuchy*, „Bliżej Przedszkola", nr 2 (89).
62. Kołłajtis-Dołowy A. (2010), *Badania uwarunkowań zachowań żywieniowych młodzieży*, Wydawnictwo SGGW, Warszawa.
63. Kowalski M., Gaweł A. (2006), *Zdrowie – wartość – edukacja*, Oficyna Wydawnicza „Impuls", Kraków.
64. Kropińska I. (2000), *Przekonania zdrowotne. W poszukiwaniu perspektywy pedagogicznej*, Wydawnictwo Uczelniane WSP w Bydgoszczy, Bydgoszcz.
65. Kunowski S. (2003), *Wartości w procesie wychowania*, Oficyna Wydawnicza „Impuls", Kraków.
66. Laudańska-Krzemińska I., Ciekot M., Bronikowski M. (2011), *Edukacja żywieniowa na lekcji wychowania fizycznego*, „Wychowanie Fizyczne i Zdrowotne", nr 3 (502), s. 23–30.
67. Logue A. W. (1995), *Psychologie des Essens und Trinkens*, Akademic Verlag Spektrum, Heidelberg, Berlin, Oxford.
68. Lund L. A., Burk M. C. (1969), *A multidisciplinary analysis of children's food consumption behavior*, Agricultural Experiment Station, University of Minnesota.
69. Łobocki M. (2004), *Wybrane problemy wychowania – nadal aktualne*, Wydawnictwo UMCS, Lublin.

70. Łukasik I. M. (2007), *Body image i zachowania prozdrowotne w aspekcie tożsamości nauczyciela*, [w:] Z. Bartkowicz, M. Kowaluk, M. Samujło (red.), *Nauczyciel kompetentny. Teraźniejszość i przyszłość*, Wydawnictwo UMCS, Lublin.
71. Mackey E. R., La Greca A. M. (2007), *Adolescents' Eating, Exercice, and Whiting Control Behaviours: Does Peer Crowds Affiliation Play a Role?*, „Journal of Pediatric Psychology", nr 32 (1), s. 13–23.
72. Marc M. (2009), *Zwyczaje żywieniowe młodzieży w wieku szkolnym*, [w:] P. Januszewicz, P. Socha, A. Mazur, *Zdrowie publiczne*, cz. 1, *Żywienie w zdrowiu publicznym*, Wydawnictwo Uniwersytetu Rzeszowskiego, Rzeszów.
73. Mazur A. (2009), *Nawyki żywieniowe dzieci w wieku szkolnym*, [w:] P. Januszewicz, P. Socha, A. Mazur (red.), *Zdrowie publiczne*, cz. 1, *Żywienie w zdrowiu publicznym*, Wydawnictwo Uniwersytetu Rzeszowskiego, Rzeszów.
74. Mazur A., Szymanik I., Matusik P., Małecka-Tendera E. (2006), *Rola reklam i mediów w powstawaniu otyłości u dzieci i młodzieży*, „Endokrynologia, Otyłość i Zaburzenia Przemiany Materii", t. 2, s. 18–21.
75. Melosik Z. (1999), *Tyrania ciała szczupłego i jego konsekwencje*, [w:] Z. Melosik (red.), *Ciało i zdrowie w społeczeństwie współczesnym*, Wydawnictwo EDYTOR, Warszawa, s. 139–158.
76. Mędrela-Kuder E. (2009), *Przykłady złego odżywiania się młodzieży szkół średnich*, „Wychowanie Fizyczne i Zdrowotne", nr 9, s. 13–15.
77. Modrzewski J. (2008), *Socjalizacja wartości zdrowia*, [w:] E. Syrek (red.), *Psychospołeczne konteksty problemów zdrowia rodziny w perspektywie edukacji zdrowotnej*, „Chowanna", nr 31 (2), Wydawnictwo Uniwersytetu Śląskiego, Katowice, s. 13–32.
78. Myers D. G. (2004), *Psychologia społeczna*, Wydawnictwo Zysk i S-ka, Poznań.
79. Narodowy Program Zdrowia na lata 2007–2015. Załącznik do Uchwały nr 90/2007 Rady Ministrów z dnia 15 maja 2007 r.
80. Narojek L. (1993), *Niektóre aspekty uwarunkowań zachowań żywieniowych*, Instytut Żywności i Żywienia, Warszawa.
81. Niebrzydowski L. (1976), *O poznaniu i ocenie samego siebie. Na przykładzie młodzieży dorastającej*, Nasza Księgarnia, Warszawa.
82. Niesiobędzka M. (2007), *Rola reklamy w kształtowaniu nawyków żywieniowych dzieci*, „Problemy Opiekuńczo-Wychowawcze", nr 10, s. 32–37.
83. Nowa Piramida Żywienia, http://www.mypyramid.gov.
84. Oblacińska A., Woynarowska B. (red.) (2006), *Zdrowie subiektywne, zadowolenie z życia i zachowania zdrowotne uczniów szkół ponadgimnazjalnych w Polsce w kontekście czynników psychospołecznych i ekonomicznych. Raport z badań*, Instytut Matki i Dziecka – Zakład Medycyny Szkolnej, Warszawa.
85. Ostrowska K. (2007), *Indywidualny i społeczny system wartości wyznacznikiem zachowań*, „Problemy Opiekuńczo-Wychowawcze", nr 10, s. 3–5.
86. Pieszko-Klejnowska M., Stankiewicz M., Niedoszytko M., Kozanecka I., Łysiak-Szydłowska W. (2007), *Ocena sposobu odżywiania się gimnazjalnej młodzieży*

zamieszkującej wieś i miasto, „Pediatria Współczesna. Gastroenterologia, Hepatologia i Żywienie Dziecka", nr 9 (1), s. 59–62.
87. Pilch T., Bauman T. (2001), *Zasady badań pedagogicznych. Strategie ilościowe i jakościowe*, Wydawnictwo Akademickie „Żak", Warszawa.
88. Pilska M., Jeżewska-Zychowicz M. (2008), *Psychologia żywienia*, Wydawnictwo SGGW, Warszawa.
89. Puchalski K. (1997), *Zdrowie w świadomości społecznej*, Instytut Medycyny Pracy, Łódź.
90. Ratajczak Z. (1997), *Model zachowania się człowieka wobec własnego zdrowia. Wnioski dla praktyki promocyjnej*, [w:] Z. Ratajczak, I. Heszen-Niejodek (red.), *Promocja zdrowia. Psychologiczne podstawy wdrożeń*, Wydawnictwo Uniwersytetu Śląskiego, Katowice.
91. Redding C. A., Rossi J. S., Rossi S. R., Velicer W. F., Prochaska J. O. (2000), *Health Behaviour Models*, „The International Electronic Journal of Health Education", nr 3 (Special Issues), s. 180–193.
92. Rubacha K. (2008), *Metodologia badań nad edukacją*, Wydawnictwa Akademickie i Profesjonalne, Warszawa.
93. Sajdkowska M. (2003), *Etnocentryzm konsumencki – czynnik wpływający na decyzje nabywcze konsumentów na rynku żywności*, „Technologia Limentaria", nr 2 (1), s. 177–184.
94. Schwarzer R. (1997), *Poczucie własnej skuteczności w podejmowaniu i kontynuacji zachowań zdrowotnych. Dotychczasowe podejścia teoretyczne i nowy model*, [w:] Z. Ratajczak, I. Heszen-Niejodek (red.), *Promocja zdrowia. Psychologiczne podstawy wdrożeń*, Wydawnictwo UŚ, Katowice, s. 175–205.
95. Sęk H. (1997), *Subiektywne koncepcje zdrowia, świadomość zdrowotna a zachowania zdrowotne i promocja zdrowia*, [w:] Z. Ratajczak, I. Heszen-Niejodek (red.), *Promocja zdrowia. Psychologiczne podstawy wdrożeń*, Wydawnictwo Uniwersytetu Śląskiego, Katowice.
96. Shepherd R., Sparks P., Gutrie C. A. (1995), *The application of the Theory of Planned Behavior to consumer food choice*, „European Advances in Consumer Research", nr 2, s. 360–365.
97. Skibniewska K. A., Radzymińska M., Jaworska M. M., Babicz-Zielińska E. (2009), *Badania zwyczajów żywieniowych studentów polskich i belgijskich*, „Żywność. Nauka. Technologia. Jakość", nr 4 (65), s. 250–258.
98. Smolak L. (2004), *Body image in children and adolescents: Where do we go from here?*, „Body Image", vol. 1, s. 15–28.
99. Sokołowska M. (2007), *Umiejętności życiowe*, [w:] B. Woynarowska, *Edukacja zdrowotna. Podręcznik akademicki*, PWN, Warszawa.
100. Solomon M. R. (2006), *Zachowania i zwyczaje konsumentów*, Wydawnictwo Helion, Gliwice.

101. *Stanowisko Ministra Edukacji Narodowej, Ministra Zdrowia oraz Ministra Sportu i Turystyki w sprawie działań podejmowanych przez szkoły w zakresie zdrowego żywienia uczniów z dnia 6.10.2011 r.* (http://www.men.gov.pl).
102. Story M., Neumark-Sztainer D., French S. (2002), *Individual and environmental influences on adolescent eating behaviors*, „Journal of the American Dietetic Association" (Supplement) (102), 3, s. 40–51.
103. Szczepański J. (1970), *Elementarne pojęcia socjologii*, PWN, Warszawa.
104. Szyndera M. (2004), *Prozdrowotny styl życia studentów z podhalańskich rodzin*, „Annales Universitatis Mariae Curie-Skłodowska", vol. LIX, supl. XIV, nr 422, Sectio D, s. 216–287.
105. Thrash A. i C. (2007), *Świadome odżywianie*, Fundacja Źródła Życia, Mszczonów.
106. Winiarski M. (2000), *Rodzina, szkoła, środowisko lokalne: problemy edukacji środowiskowej*, IBE, Warszawa.
107. Winniczuk L. (2008), *Ludzie, zwyczaje i obyczaje starożytnej Grecji i Rzymu*, PWN, Warszawa.
108. Wojciszke B. (2002), *Człowiek wśród ludzi. Zarys psychologii społecznej*, Wydawnictwo Naukowe „Scholar", Warszawa.
109. Wolnicka K. (2008), *Regularne spożywanie posiłków, pojadanie między posiłkami*, [w:] M. Jarosz (red.), *Zasady prawidłowego żywienia dzieci i młodzieży oraz wskazówki dotyczące zdrowego stylu życia*, Instytut Żywności i Żywienia, Warszawa, s. 45–52.
110. Wołowski T., Jankowska M. (2007), *Wybrane aspekty zachowań zdrowotnych młodzieży gimnazjalnej*, cz. I, *Zachowania młodzieży związane z odżywianiem*, „Problemy Higieniczno-Epidemiologiczne", nr 88 (1), s. 64–68.
111. Wosińska J. (2006), *Pij mleko będziesz wielki lub kaleką*, „Świat Konsumenta", nr 11, s. 28–32.
112. Woynarowska B. (2007), *Wybrane zagadnienia edukacji zdrowotnej dzieci i młodzieży w wieku szkolnym*, [w:] B. Woynarowska (red.), *Edukacja zdrowotna. Podręcznik akademicki*, PWN, Warszawa.
113. Woynarowska B., Mazur J. (2004), *Zachowania zdrowotne młodzieży szkolnej w Polsce: wyniki badań HBSC 2002*, „Zdrowie Publiczne", nr 114 (2), s. 159–167.
114. Zabrocki R., Cordice A. (2010), *Analiza porównawcza zachowań konsumentów polskich i angielskich na rynku usług żywieniowych*, „Zeszyty Naukowe Akademii Morskiej w Gdyni", nr 65, s. 30–38.
115. Zawadzka B. (2006), *Kryzys wartości zdrowia u młodzieży w okresie dorastania*, „Problemy Higieniczno-Epidemiologiczne", nr 87 (suplement), s. 41.
116. Ziarko M. (2006), *Zachowania zdrowotne młodych dorosłych – uwarunkowania psychologiczne*, Bogucki Wydawnictwo Naukowe, Poznań.
117. Zwoliński A. (2006), *Jedzenie w relacjach społecznych*, Wydawnictwo Naukowe Papieskiej Akademii Teologicznej, Kraków.
118. Żiżka-Salomon D. (2003), *Świadomość i zachowania zdrowotne młodzieży szkół krakowskich*, „Nowiny Lekarskie", nr 72 (2), s. 124–130.